韶关市红色村

中共韶关市委党史研究室 编

图书在版编目（CIP）数据

韶关市红色村 / 中共韶关市委党史研究室编. 北京：中国文史出版社，2024. 10. --ISBN 978-7-5205-4881-6

Ⅰ. K296.55

中国国家版本馆CIP数据核字第2024068X03号

责任编辑：牛梦岳

出版发行：中国文史出版社

社　　址：北京市海淀区西八里庄路69号院　邮编：100142

电　　话：010-81136651　81136602　81136603（发行部）

传　　真：010-81136655

印　　装：韶关市典经社彩印有限公司

开　　本：700mm × 960mm　1/16

印　　张：15.25　　字数：217千字

版　　次：2024年11月第1版

印　　次：2024年11月第1次印刷

定　　价：68.00元

《韶关市红色村》编委会

编者序

韶关市地处粤湘赣三省交界的“红三角”地区，具有深厚的红色文化底蕴，是一片红色的土地。大革命时期，风起云涌的北江农民运动有力推动了广东乃至全国农民运动的发展，北江工农自卫军参加了南昌起义。土地革命战争时期，以西水暴动、南雄暴动、仁化暴动等为代表的北江农民暴动给反动统治以沉重打击，其中仁化暴动的双峰寨保卫战被当时的广东省委誉为“农民暴动中最伟大的战斗”；毛泽东、朱德、邓小平、彭德怀、陈毅等曾率领红军部队转战韶关，在韶关留下了光辉的革命印迹。韶关是中央红军长征时在广东经过的主要地区，陈毅的革命诗篇《梅岭三章》便是在梅岭山写就。全民族抗日战争时期，韶关成为广东政治、经济、文化和军事中心，也是中共广东省委（粤北省委）机关所在地，领导全省的抗日斗争，为抗日战争的胜利作出了不可磨灭的贡献。解放战争时期，在北江地区成立的中共五岭地委及其领导的“粤赣湘边区人民解放总队”（后改为北江第二支队）和中共滃江地委及其领导的“广东人民解放军粤赣先遣支队”（后改为北江第一支队）逐步发展壮大，为配合中国人民解放军南下解放广东作出了重大贡献。

回望韶关的革命历史，红色资源灿若繁星。新民主主义革命时期，在上级党组织领导下，中共韶关各级党组织深入当地农村，发动和武装农民，开展革命战争，经过不懈努力，取得了革命的最后胜利，韶关人民从此进入了新社会。当时，中共韶关各级党组织活动的村庄，有的是重要根据地或党的领导机关所在地，有的是重要历史事件、重大会议或重大活动的发生地，见证了中共韶关各级党组织团结带领军民坚守信仰、不怕牺牲、英勇斗争的艰辛革命历程。

习近平总书记强调，要把红色资源利用好，把红色传统发扬好，把红色基因传承好。“红色村”历经战争与炮火的洗礼，铭刻着深深的红色印记，是极其重要的红色资源。这些红色资源，展示了革命先辈的梦想和追求、情怀和担当、牺牲和奉献，是深入开展党史学习教育的生动教材，是深入推进实施乡村振兴战略的精神源泉。2019年，韶关市开展了新一轮红色革命遗址普查工作，确认韶关市市级红色革命遗址1203处，其中，502处被确定为省级红色革命遗址，数量位居全省第三；296处被确定为省级红色革命遗址线索。韶关境内大部分红色资源生发于农村、植根于农村、熔铸于农村。

2017年至2022年初，中央组织部、广东省委组织部、韶关市委组织部以打造“红色村”为切入点，开展党建示范工程、组织振兴建设红色美丽乡村试点工作。期间，韶关市共有18个村被列为“红色村”。其中，被中组部列为开展组织振兴建设红色美丽乡村试点村4个，被广东省委组织部列为党建示范工程“红色村”6个，被韶关市委组织部列为党建示范工程“红色村”10个。几年来，通过将农村基层党组织建设与保护利用红色资源紧密结合起来，全市18个“红色村”面貌发生了巨大改变，党的建设、村集体经济收入、村容村貌等各方面持续迈上新水平，取得了预期成效。

为了更好地发挥“红色村”的典型引路、示范引导、辐射带动作用，我们组织编写了《韶关市红色村》。本书主要介绍全市18个“红色村”的红色历史、发展现状，力图通过展示“红色村”的革命历史，教育引导广大党员干部和群众传承革命传统，赓续红色血脉，坚定信仰信念，坚定发展信心。同时，总结“红色村”的发展经验和做法，为其他村提供有益借鉴，助力乡村振兴战略和“百千万工程”向纵深发展并取得丰硕成果。

编　者

2024年11月

目录 / contents

浈江区犁市镇犁市社区

犁市社区是犁市镇党政机关所在地，有12个居民小区，总人口7860人。犁市镇距韶关市区约13千米，位于广东省韶关市浈江区北部，东与仁化县董塘镇毗邻，南与浈江区十里亭镇相依，西与武江区重阳镇及乳源瑶族自治县桂头镇接壤，北与乐昌市廊田镇相连。因镇内渡口附近有一块头大尾尖的沙洲，形似犁头，被来往客人称为犁头渡，后改称犁市。犁市社区设党委1个，有委员4名，下设党支部3个。截至2022年底，共有中共党员120名。犁市社区具有丰富的红色资源，其中，犁市当铺——南昌起义部队韶关革命活动旧址是社区最重要的红色革命遗址之一，是广东省中共党史学习教育基地。2018年7月，犁市社区被韶关市委组织部列为党建示范工程“红色村”。

红色简史

进驻西河

1927年8月1日，南昌城头一声枪响，拉开了中国共产党武装反抗国民党反动派的大幕。之后，南昌起义军南下广东。转战潮汕失利后，朱德、陈毅率领南昌起义军余部辗转千里，召开茂芝会议，开展“赣南三整”，实现“朱范合作”，面对重重危险，始终坚守革命信仰。

1927年12月上旬，朱德、陈毅按照上级指示，率领南昌起义军余部800多人从仁化来到曲江（今浈江区境），准备参加广州起义。12月14日，当南昌起义军余部登上火车，正准备南下时，忽然接到广州起义撤出来的人员报告，广州起义已于12月13日失败。南昌起义军遂停止南下，以国民革命军范石生十六军四十七师一四〇团的番号，驻扎在东河坝墨江会馆附近和西河天主教堂。南昌起义军余部在进驻西河天主教堂之时，一度遭到法国神父的拒绝。朱德便让陈毅用法语与神父交涉，神父对在异国他乡遇到讲法语的中国人大感意外，态度立刻变得亲切起来。陈毅告诉神父：“我们的部队不是一般的队伍，而是正义之师，纪律严明，秋毫无犯。”此外，陈毅还简略地向神父讲述了自己在法国留学的事情，表示对法兰西文明有十分美好的印象。神父大为动容，随即答应南昌起义军余部入住教堂。

解决部队的驻地问题后，朱德马上着手寻找和联系地方党组织。在仁化时，朱德曾与北江农暴委员会的中共党员有过联系，得知东河坝一带农民运动比较活跃，一直有中共地方组织在秘密进行革命活动，朱德决定到东河坝联系地方党组织。朱德等人穿着军装通过城区，到了东河坝的农村后，就改穿便服。朱德进村后，果然找到了当地共产党员，他就是刘福。刘福于

1926年夏加入中国共产党，曾是朱云卿主办的北江农军学校的工作人员，并曾任北江农民自卫军司务长。当朱德率领南昌起义军余部经过东河坝进入城区时，刘福便早已留意到了这支队伍纪律严明，毫不惊扰群众，同反动军队不一样。知道这支部队是党领导的部队后，刘福欣喜万分。在刘福家里，朱德同他进行了亲切交谈，刘福详细汇报了这个地区的农民运动情况，朱德则把南昌起义军余部转战粤赣湘边和来韶关的情况告诉了刘福，并就如何开展群众工作谈了自己的意见。刘福还找来了市内和近郊的党员和农运骨干叶凤章、叶发青、叶凤标、孙靖、邓其森等人一起和朱德再次见面。朱德听取了叶凤章等人关于曲江和城厢的农民运动和党组织的状况汇报后，从带来的藤箧里拿出几份宣传革命的材料分发给他们，然后详细地分析了南昌起义失败后的革命形势，勉励大家不要因革命的暂时失败而悲观，只要扎扎实实地组织群众，恢复农会，继续进行武装斗争，革命就有希望。朱德临走时，将他的藤箧留在了刘福家里（这是朱德在韶关留下的一件珍贵的历史文物，现保存于韶关市博物馆）。在朱德的勉励下，叶凤章、刘福等农运骨干增强了革命信心，东河坝的农会更加活跃了。

犁市练兵

朱德率领的南昌起义军余部虽然得到范石生的同意驻扎在曲江县城附近，但也不时受到范石生部一些人的监视。考虑到部队驻地紧靠城区，目标太大，不利于外出活动，几天后，朱德便将部队转移到曲江城北犁铺头，驻扎在犁市当铺（李达财当铺，现犁市镇犁市社区人民路南105号）和犁铺头附近的狮塘村。朱德住在当铺楼上。

为了进一步提高部队的素质，增强部队的战斗力，适应革命形势发展的需要，朱德组织部队在现犁市镇狮塘山山顶、莲塘村、犁市中心小学内、古码头渡口沙洲，开展新式练兵运动，对部队进行较为正规和全面的军事训练。他根据自己掌握的军事理论和实践经验，以及南昌起义以来作战的经验教训及其特点，亲自编写《步兵操典》《阵中勤务》两部军事教材。教材规定将旧式的疏开队形改为梯次配备的疏开队形，构成阵前纵深和交叉火网，以便在战斗上形成以少胜多的条件，并减少密集队伍，避免在接敌运动中受到敌人火力杀伤。基于当时敌强我弱的情况，朱德对游击战术进行了归纳、

◆犁市当铺一景（浈江区史志办公室　供图）

总结和升华，提出了"强敌进攻莫硬打、抓敌弱点我猛攻、孤敌疲敌我围歼、常遣精兵骚扰敌"28字游击新战术。在练兵过程中，朱德把全队分为两个连，进行对抗演习，他亲自担任教官，亲自讲述和示范，要求十分严格。朱德反复强调要让士兵熟练手中的武器，要做到不靠近敌人不开枪，打不中不开枪。同时，还要求指挥员在战斗中要知己知彼，重视对于敌情的搜索和侦察工作，不摸清敌人的情况不要动手，"我们人少枪少，不能和敌人硬拼，要瞅敌人的弱点，要注意避实击虚的游击战术"。犁铺头练兵是中国共产党独立、系统地训练自己军队的较早实践，为日后训练人民军队积累了宝贵的经验。《步兵操典》《阵中勤务》作为两部创造性的军事教材，为后来中国工农红军练兵打仗作出了重要贡献。28字游击新战术的提出，也标志着朱德游击战术思想的形成，犁铺头也成为朱德游击战术的形成地。

支持西水暴动

在犁铺头期间，朱德先后收到中共中央12月21日和27日两次来信，信中指示要他们结合当地农民运动，开展武装斗争，进行土地革命。朱德与中共北江特委取得联系后，与北江特委共同制定《北江各县暴动工作大纲》，号召群众发动暴动，帮助恢复农会，发展农军，支援农民暴动。12月22日，在朱德部队的支持下，曲江农民运动领袖欧日章领导了震撼广东省的西水暴动。欧日章率领重阳镇暖水村欧屋、青水塘等村100多名农军和数百名农民手持步枪、大刀和锄头等，同前来支援的朱德部队会合，组成暴动队伍包围了大沙洲下村，向该村的地主突然发起进攻，战斗中打死地主1人，俘虏5人，处决了一批杀害农军的反动分子，缴获长枪10多支。12月28日上午，曲江重阳乡反动民团纠集1000多人，围攻水心、暖水和青水塘3个村庄，向农军、农民猖狂反扑。反动民团久久攻不下暖水和青水塘，在四次进攻被打退后，不得已派地主朱乃昌去韶关请国民党正规军来支援。朱乃昌在去韶关途中经过犁铺头，不知道朱德底细，找到朱德团部，请求援兵。朱德了解情况后，不动声色，将计就计，派兵前往，与青水塘农会的农军里应外合，打得地主民团晕头转向，四处逃窜。

会见何长工

1927年12月底，受毛泽东委派寻找南昌起义军余部的何长工，经长沙、上海、广州辗转到达韶关，在澡堂洗澡时，机缘巧合中得知朱德部队驻扎在犁铺头。在犁铺头，何长工不仅见到了朱德，还遇到了曾在洞庭湖共事的老战友蔡协民和在留学法国时就相识的陈毅，气氛显得格外亲切。何长工向朱德和陈毅详细报告了秋收起义的经过和起义后转移到井冈山的情况，朱德高兴地说："好极了！从敌人报纸上看到了井冈山的消息。我们跑来跑去，也没有个地方落脚，正要找毛泽东同志呢，前些天刚派毛泽覃同志到井冈山去联系了。"第二天，朱德写了一封信，让何长工带回井冈山交给毛泽东。这次会面，为朱毛部队会师井冈山架起了桥梁。

驻犁铺头期间，朱德、陈毅还带领部队官兵深入群众，访贫问苦，宣传党的革命政策。部队纪律严明，对群众秋毫无犯，充分展现了党领导的人民军队本色，深受当地百姓拥护。

移师湖南

好景不长，蒋介石安插在范石生部队里的亲信、十六军教导团团长丁熙将朱德隐藏在十六军里的情况密告给蒋介石。蒋介石接报后，即令范石生解除朱德部队武装，逮捕朱德，同时又令十三军军长方鼎英率部队从湖南进驻粤北，监视朱德部队与范石生的动向。范石生明面上应付蒋介石的“恶令”，私下里于1928年元旦后不久派秘书杨昌龄给朱德送去密信，要朱德率部速离犁铺头，自谋出路。其实，朱德在收到的中共中央来信中也得到要“迅速地、坚决地脱离范石生”的指示。面对如此情况，朱德立即召集陈毅、王尔琢、蔡协民和北江特委的同志开会，商量对策，并决定立即离开曲江。于是，开会当晚，朱德率部以野外演习为名，离开犁铺头，冒着大雨向南雄方向进发，沿途砍倒电线杆，割断电线，截断敌人通讯。当部队行至周田鸡笼时，闻悉南雄方向有敌方鼎英部队南移，遂折返仁化驻扎并开展革命运动，后折转北上，从仁化改道而西，向湖南宜章山区进发，发动了著名的宜章暴动。

地下党组织驻地和活动地

朱德率领的部队是中国共产党领导的军队，又是南昌起义后保存下来的革命火种，这支部队驻扎犁铺头后，中共各级党组织都想方设法与之取得联系。中共北江特委当时驻犁市当铺附近（现犁市镇犁市社区解放路83号），此处原为地主家所有，朱德部队在犁市驻扎时地主举家逃跑后成为空房。一开始，在不明了朱德本人的意向时，中共北江特委不敢贸然与他联络。为保险起见，特委书记卢克平派出化装人员接近朱德部队设法摸清情况，通过多方面的观察，认定朱德部队确实是中国共产党领导的军队，便主动同朱德部队建立起联系。此后，朱德便与中央各级党组织有了密切的联系。1928年1月中旬，中共北江特委正式成立，机关迁往韶关下后街，下辖花县、清远、曲江、英德、南雄、仁化县委和乐昌坪石支部，张善铭任特委书记。

1931年夏，中共北江特委机关被破坏，北江党的指导机关改为中共曲江（北江）县委，彭叙任书记，梁展如等人任委员，归中共两广省委（1931年3月成立）领导，下辖西水、乌石、英德3个区委和犁市、城口2个特别支部。1932年春，中共广东省委派潘洪波（后叛变）为北江巡视员，检查指导中共曲江县委工作，经整顿后，健全了中共犁市特别支部，曲江县基层党组织得到进一步巩固并有所发展。中共曲江县委属下的党组织有中共英德区委、中共曲江乌石区委、中共曲江西水区委、中共曲江犁市特支、中共仁化城口特支等。其中，中共犁市特别支部辖3个支部，党员11名（含1929年从湘南疏散而来的富国煤矿矿工），支部设在原中共北江特委在犁市驻地。

1927年“四一二”“四一五”反革命政变后，国民党反动派倒行逆施，大肆屠杀、逮捕共产党员和革命群众，制造白色恐怖。留在湘南坚持革命斗争的共产党员和革命人士，难于在当地立足，为了保存革命力量，不得不向革命群众基础好的湘粤边界转移。1930年10月，部分从湘南疏散到仁化的共产党员，自发组织起来，在城口成立中共城口特别支部，黄庭芳任支部书记。该支部有党员14人，以烧炭、打铁、理发、木匠、泥瓦匠、和尚等为职业做掩护，秘密开展地下工作。1934年红军过境仁化后，中共城口特别支部交通站迁到韶关东河坝。1937年7月全面抗战爆发后，东河坝秘密交通站迁到韶关北郊犁铺头古码头附近（现犁市社区人民路南21号），交通站人员仍以理发、打铁等为职业，掩护开展革命工作。犁铺头秘密交通站及时给党组织提供情报，发挥了重要作用。

发展现状

犁市当铺是朱德游击战思想的形成地，为朱毛会师搭建了桥梁，在中国革命史中有着应有的历史地位。时光飞逝，曾经的犁市当铺，已经成为承载革命文化的历史文物，是犁市社区乃至韶关红色旅游的一大亮点。党的十八大以来，特别是近年来，浈江区委、区政府，犁市镇委、镇政府以犁市当铺——南昌起义部队韶关革命活动旧址为支撑，倾力打造“红色村”，大力发展红色旅游、休闲观光等特色产业，将红色资源优势转化为产业发展优势，推动犁市社区迅速发展，激活乡村振兴红色动能，筑牢党在农村的执政根基。

◆ 犁市社区航拍图（浈江区史志办公室　供图）

坚持党建引领

抓教育管理促学习提升。犁市社区“两委”坚持贯彻落实习近平新时代中国特色社会主义思想和党的十九大、二十大精神，组织开展“不忘初心、牢记使命”主题教育、党史学习教育、学习贯彻习近平新时代中国特色社会主义思想主题教育，强化思想武装，增强“四个意识”，坚定“四个自信”，做到“两个维护”。坚持“三会一课”“主题党日”制度，认真开展民主评议党员工作，建立健全党员学习活动室，不定期组织党员到爱国主义教育基地接受教育，严格党员教育管理。定期召开党委会，研究党建工作，落实党组织书记管党治党第一责任人责任。

抓共建项目促和谐建设。犁市社区“两委”以增进人民群众福祉为主要目标，发挥社区“大党委”成员作用，与共建单位共驻共建，围绕社区重点工作和群众需求，积极开展调研，形成需求清单，合力打造和谐社区，得到群众一致好评。会同共建单位浈江产业园党总支开展“社区用工对接活动”共建项目，多次组织园内企业到社区招聘招工，帮助社区群众解决就业难的问题，取得显著成效。犁市镇中心卫生院党支部开展“关爱老年人健康”共建项目，利用自身资源优势，多次为老年人和三无人员进行免费体检和健康咨询，并与社区居民开展结对帮扶，得到居民群众的一致好评。犁市镇大为中心党支部开展“关爱特殊群体，情暖留守儿童”共建活动，组织23名党员志愿者成立党员志愿服务队，积极为社区特殊群体、留守儿童服务，取得一定成效。犁市镇中心小学党支部、犁市镇龙腾幼儿园党支部开展“情暖留守儿童”共建项目，与多名留守儿童建立帮扶关系，切实为留守儿童办好事，办实事。犁市派出所党支部在辖区内开展反诈专题宣传活动，通过发放宣传资料、张贴宣传标语等多种方式向群众进行宣传，有效预防和减少电信诈骗的发生。

抓党员报到促综合治理。犁市社区是犁市镇最大的居民社区，管辖面积大、居住人口多、流动人口多，与此同时，京广铁路、省道248线和省道246线均从辖区通过，商贸经济比较发达，交通安全，治安隐患，城镇管理压力也比较大。犁市社区“两委”以党员报到为切入点，切实解决综合治理重点难点问题。以人民为中心，坚持问题导向，按报到党员资源和居民群众需求，编制党员“双报到”活动服务项目和活动方案。在开展党员“双报到”

活动中，根据社区报到党员所在单位和报到党员的专长，结合社区实际情况，组织有专业特长的党员开展免费义诊、健康咨询、健康知识宣传、用电知识宣传、用电安全隐患排查等专业服务。根据社区实际，积极与驻社区机关单位沟通，接受驻社区机关单位根据其工作特点进行点单、接单，使报到党员的服务次数和服务效益都得到了很大的提升。据统计，仅2022年，犁市社区共开展政策宣传、科技推广、环境卫生整治、纠纷调解等各类志愿服务活动46场（次），形成了社区网格化管理全覆盖，治理水平得到了全面提升。通过开展“双报到”活动，犁市社区的市容市貌得到改善，城镇面貌得到提升，文明倡导深入人心，社区平安守护满意度得到提高，各项便民服务得到了群众的认可，各项政策及时宣传落实到位，充分提升了广大居民群众的获得感、幸福感、安全感，增强了社区党组织抓党建、抓治理、抓服务能力。

坚持人民至上

实施“139”镇街整治提升工程。犁市镇是韶关市镇街整治提升“139”行动的试点镇，作为镇党委、政府所在地，犁市社区积极配合镇委、镇政府做好镇街整治提升的各项工作。通过悬挂宣传横幅、走家入户、派发宣传资料等方式，使镇街整治提升工作家喻户晓。持续对街上的卫生死角、“牛皮癣”及乱搭乱建、乱摆乱卖现象进行整治，市容市貌明显好转。配合施工单位，完成中心路、韶仁路、文化路、新村路、建设路、渡口路、向阳路路面“白改黑”和两旁立面改造工程；完成犁市人民公园和犁市文明实践广场改造提升工程，新建188个停车位，改建4间公厕；在犁市入口竖立“开荒牛”雕塑，在犁市文明实践广场竖立“划龙舟”雕塑，在犁市当铺建“朱德塑像”。这些项目的实施大大提升了镇街和社区形象，方便了社区群众。

完善相关基础设施。犁市社区供水管道多数埋设于20世纪八九十年代，随着时间的推移，供水管道老化、爆管问题频发，影响居民供水。在上级政府部门关心支持下，2021年，犁市社区进行供水改造，重新铺设供水管道，新建供水厂房及设施，目前项目已竣工，正在试运行阶段，居民生活用水得到充分保障。通过几年的努力，犁市社区辖区内雨污分流和三线下地工程已竣工，从前街道污水横流、三线混乱的景象得到彻底改变，街道城市化水平得到提升。开展道路街巷亮化工程，犁市街路灯现已遍及大街小巷、梅村街和狮塘山森林公园。针对路灯线路长、盏数多、管理维护比较困难的特点，犁市社区克服专业人员少、资金短缺的困难，按照镇党政办的派工单，做好路灯管理修缮工作，保证亮灯率，方便居民群众的生产与生活。

实施社区党群服务中心提升工程。2019年，犁市社区对党群服务中心重新选址并装修。提升后的犁市社区党群服务中心建筑面积300平方米，广场面积265平方米，免费为犁市社区居民提供暖心问候、卫生间、安心小憩、清心热茶、紧急避雨、省心充电、贴心Wifi、医药箱、爱心雨伞等便民服务。依托社区党群服务中心，深化拓展“服务民生直通车”工程，线下推行“前台受理，后台办理”的服务模式，线上依托浈江区税务局税e站、粤省事等平台受理业务。2022年共为辖区群众办理养老保险、医疗保险、年审等业务68人次。

坚持红色底色

犁市社区依托犁市当铺——南昌起义部队韶关革命活动旧址这一重要红色资源，紧紧抓住打造韶关市党建示范工程“红色村”这一重要契机，结合实施乡村振兴战略和推动社区城镇化水平，进一步擦亮红色名片。

以“犁市当铺”为核心，打造红色旅游精品。犁市当铺是朱德率领的南昌起义军余部的革命活动旧址，为一座青砖木结构的晚清时期建筑群，分住房、油铺、仓库、门面4部分，总建筑面积1075平方米。旧址于1984年4月被曲江县人民政府公布为县级文物保护单位，2006年6月被韶关市人民政府公布为市级文物保护单位，2012年12月被广东省人民政府公布为省级文物保护单位。在打造“红色村”过程中，本着修旧如旧、恢复原貌的原则，对犁市当铺进行全面修缮，并以此为依托布置南昌起义部队粤北革命活动展。2018年，项目完成工程方案设计。2019年8月，修缮工程完成专家评审，铺面修缮完成招投标工作。2020年底，项目基本完成。2021年7月，犁市当铺——南昌起义军韶关革命活动旧址正式对外开放并提供讲解服务。

修缮后的犁市当铺设置了展览大厅、广场、朱德雕像，其中布展面积约1500平方米，利用翔实的图文史料结合声光电等现代设备与展品、雕塑、沙盘等展示手段，生动再现了朱德率领的南昌起义部队从南昌起义后转战粤

◆ 犁市当铺——南昌起义部队韶关革命活动旧址展厅雕塑（浈江区史志办公室　供图）

北，驻扎犁铺头开展新式练兵、推动农民暴动，与毛泽东特使何长工会面后，策动湘南暴动、实现会师井冈山的全过程。犁市当铺是浈江区乃至韶关市一处重要的红色教育基地和党史学习教育基地，吸引了本地区和周边地区大量企事业单位和群众前来学习红色历史，接受党性教育，感受爱国主义熏陶，对拉动区域消费，促进经济增长，点亮地域招牌起到了关键性作用。2022年，犁市当铺提供免费讲解次数163场，接待总人数5824人次。

2023年，犁市当铺——南昌起义部队韶关革命活动旧址又被列入韶关市浈江区红色旅游景点项目，总投资2.47亿元。其中，犁市当铺——南昌起义部队韶关革命活动旧址提升工程列为一期标段，投资额5000万元。项目于2023年2月正式开工，预计2025年初完工。经过提升后的犁市当铺将以更加崭新的面貌出现在人们面前。

以沿线开发为契机，融入复合型文旅路线。犁市社区借助犁市当铺修缮工程，不断完善周边公园广场及配套设施，提升周边环境，修整沿江堤坝，新建沿江公路，营造文化氛围，为融合发展打下了坚实的基础。以此为牵引主线，以地方传统文化为辅线，以省道248线、武江古水道为发展脉络，紧紧抓住阅丹沿线、友丰茶花森林公园、华南教育历史研学（大村）基地等开发契机，将“红色”“绿色”“古色”有机结合，协调发展，在犁市镇形成了“农业基础、文化引领、景区联动”的发展格局，打造了集“古道文化风韵、历史遗迹瞻仰、红色文化弘扬、现代观光农业”等多功能于一体的复合型的文化旅游产品路线。

（作者：谭景毅，浈江区史志办公室）

武江区重阳镇万侯村

万侯村地处广东省韶关市武江区重阳镇西部，距离韶关市区约32千米，距离重阳镇约7.5千米，辖侯屋、徐屋、芹村、冲口坪、大塘、中方、三角园、水心等8个村民小组，全村人口626户3346人。万侯村设党总支1个，有委员5名，下设党支部3个。截至2022年底，共有中共党员85名。万侯村曾是重阳镇3个精准扶贫省定贫困村之一，全村核定相对贫困户60户、180人。通过帮扶，60户贫困户已全部脱贫。2022年村集体经济收入为33.4万元，主要生产水稻、花生等农作物，矿产资源丰富，主要有陶瓷矿、白钨矿等。万侯村红色文化深厚，2018年7月被韶关市委组织部列为党建示范工程“红色村”。

红色简史

万侯青年积极响应参与北伐

1922年3月，孙中山在广西桂林举兵北伐受阻后，没有放弃他所主张的北伐大计，决定转移大本营于广东韶关，取道江西继续进行北伐。5月8日，孙中山在大本营发布北伐总攻击令。5月9日，孙中山在韶城南教场（现中山公园）为抵达韶关的北伐军举行北伐誓师大会。此前，曲江西水各乡乡长在紫薇炮楼坪前动员本乡青年参加北伐誓师大会，曲江西水18名青年全副武装参加了北伐誓师大会。此后，在革命的感召下，乳源、桂头、一六等地300多名青壮年又在万侯村紫薇炮楼前誓师，响应孙中山的二次北伐。

◆重阳镇万侯村（陈励　摄）

汇入风起云涌的农民运动

1924年初，欧日章从新加坡回到家乡重阳暖水。同年冬，在暖水村建立了重阳第一个农会。在曲江西水各地积极发展组织农会的同时，万侯村的革命热情也高涨起来，积极汇入农民运动大潮，成立村农会组织。农民运动由重阳乡暖水、青水塘、大沙洲扩大到周边的一六、桂头等地。农会组织带领农会会员开展打土豪、分田地，分粮食、牲畜，减租减息等运动。

北上参加南昌起义

1927年5月1日，中共北江地委和工农自卫军指挥部在韶关宝灵寺召开誓师大会，支持陈嘉佑的讨蒋行动。大会结束后，各路农军举起犁头红旗，吹起军号，浩浩荡荡地踏上北上征途。曲江农军由欧日章带队，人数有100多人，其中乐夫三四十人，列村几人，陀村几人，大沙洲七八人，南岸十多人，侯屋有张国安、张国山、廖新福等人。曲江农军自5月1日离开韶关，历时45天，途经乐昌、衡阳、株洲、长沙等地，辗转行程3000余里到达武昌，驻徐家棚琴园。此时，北江工农自卫军只剩下600余人，编为国民革命军陈嘉佑第十三军补充团。7月21日，北江工农自卫军接到党中央命令“要迅速脱离十三军，开赴南昌集中”。据此命令，北江工农自卫军以在武汉水土不服、疾病流行、思乡心切等理由脱离十三军，于30日到达南昌，被编为二十四师教导团第一营，归属叶挺领导，驻扎新营房，准备参加即将举行的南昌武装起义。

8月1日凌晨，南昌起义枪声打响。随着南昌起义的失利，南昌起义革命委员会决定，参战各部分散活动，积蓄力量等待时机，再行起义。汇入曲江农军的侯屋张国安等人于当年10月陆续返乡，在欧日章的带领下，重燃革命烈火。

西水暴动的前沿阵地

1927年，曲江农民运动领袖欧日章来到万侯村紫薇炮楼，召开村民动员大会，宣传革命理想，要“打倒列强，除军阀，统一全国”，并揭露蒋介石发动“四一二”反革命政变的险恶用心，号召“誓死奋斗”，得到村民热烈支持。同年12月22日，欧日章发动了西水农民武装暴动，侯屋农会和农军积极响应。暴动前，欧日章同驻犁铺头的朱德部队取得了联系，朱德派了一名参谋到重阳暖水和农会干部共商暴动计划。欧日章率领重阳欧屋、万侯水心村等村100多名农军和数百名农民，手持步枪、鸟枪、大刀和锄头等，包围了重阳大沙洲下村，向该村姓朱的地主民团突然发起进攻。暴动农民攻占重阳大沙洲下村，打死地主1人，杀死一批残害农军家属的反动分子，烧毁了地主的房屋，没收了地主家耕牛36头，谷米7000余斤，以及其他财物一批，缴获长枪10多支。战斗结束后，农军将大部分没收的粮食和财物用来救济贫苦农民。

国民党重阳乡乡长冯佩赞和民团头子雷丰霖听说欧日章带领农军在西水发动农民暴动，且还杀了几个地主，恼羞成怒，处心积虑地要除掉欧日章，镇压农军暴动。冯佩赞、雷丰霖两人很快纠集1000多人的地主民团，于12月28日包围万侯水心村等村庄，开始疯狂报复。

万侯水心村是个只有10多户人家的小村庄，农军力量薄弱，但农军毫不畏惧，紧紧依靠群众支持，利用山地地势和村内房屋，选好伏击场所。当地主民团靠近进入埋伏圈时，农军步枪一齐开火，只听一阵枪响，猝不及防之下，地主民团瞬间倒下一片。尽管水心村农军英勇战敌，终究人员和枪支弹药较少，地主民团很快反应过来，并向农军开枪还击。地主民团雨点般的子弹向万侯水心村射来，门窗被子弹打得噼里啪啦直响，部分房屋被打得如同马蜂窝一般。战斗持续了一会儿后，地主民团发觉万侯水心村的枪声变少了，推算出村里农军人数少，缺乏枪支弹药，于是加紧进攻。面对敌人的疯狂报复，为保存有生力量，减少人员伤亡，万侯水心村农军和群众伺机撤到庙子阁村。为报复农军，反动武装把万侯水心村烧得一干二净。

万侯芹村追击战

1927年12月28日，在青水塘战斗中，反动头子冯佩赞和雷丰霖久攻不下，只好派地主朱乃昌去韶关请国民党正规军来支援。当时，朱德化名王楷，驻扎在犁铺头。听朱乃昌说明来意后，朱德不动声色，当即答应：“好，我马上派人带部队去支援，你在前面带路。”

朱德派了一个连前往青水塘支援。在农军和朱德部队的里外夹击下，民团被打得鬼哭狼嚎，四处逃窜。部分民团往万侯芹村方向逃窜。农军和朱德援军冒雨向芹村方向乘胜追击敌人。战斗结束时，天依然下着小雨。农军和朱德援军经过万侯芹村石拱桥回到青水塘。村民们见官兵的军服全湿了，纷纷拿出柴草生火，给他们取暖烤衣服。很快，朱德援军要走了，农军极力挽留："你们部队帮助农民打败了反动地主的武装，保护了我们老百姓，部队士兵们一定要留下吃完晚饭再走。"朱德见一时难以说服农军，便婉转地对农军说："我们还有紧急任务，还要赶回团部，不能在这里久留。以后，只要我们还在这里，你们需要我们，随时叫我们随时到，我们勠力同心把地主反动派打倒。"农军们见部队无法挽留，只好把他们送出村口，部队官兵也依依不舍地回到犁铺头。

在土地革命时期，万侯村有不少青年为革命献出了生命，主要有：张国安（1902—1928），中共党员，1926年参加革命，区农民自卫军中队队员，区农民协会执行委员，参加西水暴动，1928年在龙归被捕后牺牲，中华人民共和国成立后被评为革命烈士；张新琪（1905—1927），1926年参加革命，区农民自卫军中队队员，1927年在暖水战斗中牺牲，中华人民共和国成立后被评为革命烈士；张新义（1906—1927），1926年参加革命，区农民自卫军中队队员，1927年在暖水战斗中牺牲，中华人民共和国成立后被评为革命烈士；张新九（1908—1927），1926年参加革命，区农民自卫军中队队员，1927年在暖水战斗中牺牲。中华人民共和国成立后被评为革命烈士。

自发组织英勇抗日自卫

1945年1月27日，日军全面占领曲江县城韶关。之后，日军又占领了曲江县各区镇，曲江全面沦陷，当地人民群众处在日寇铁蹄蹂躏之下。曲江人民不甘心被侵辱，各地民众纷纷自发组织起抗日武装队伍，同日军作斗争。一天，日军从犁市驻地进犯重阳，万侯村20多名武装青年埋伏在万侯村紫薇炮楼和徐屋炮楼内抗击日军。日军发现两座炮楼结构坚固，而且隔远相对，火力覆盖面广，便萌生退意，不敢前来，只在东坑口用迫击炮进行轰击，然后撤退。今万侯紫薇炮楼尚留有日军炮击的痕迹。

发展现状

在战火纷飞的年代，为了民族独立和人民解放，万侯村村民积极投身革命洪流，支持革命，村里不少革命志士也为此献出了宝贵的生命。岁月流转，他们那份坚定不移的信仰，百折不挠的意志，不怕牺牲的精神，永远激励着万侯村村民奋勇拼搏、砥砺前行。近年来，万侯村以创建“红色村”为契机，深入推进农村基层党建工作创新机制、传承红色精神、活化创新方法方式，把传承发扬红色革命精神作为党建工作的切入点，以建设“红色支部、富民支部”为目标，解放思想、更新观念、团结群众、艰苦拼搏，把昔日的贫困村变为一个远近闻名的“红色村”、先进村，引领绘出乡村振兴新蓝图。

◆万侯村红色教育基地（黄文娟　摄）

坚持党建引领

落实共建资金帮扶。万侯村分别与东莞市凤岗镇塘沥村、“两院一城”（广东华中科技大学工业技术研究院、广东省智能机器人研究院、华科城）建立党建结对共建关系，在资金帮扶方面，塘沥村每年为万侯村落实5万元的“党建结对村”援助金，“两院一城”为万侯村提供1万元的党建共建援助金，为万侯村突出党建引领提供了物质基础和资金保障。

加强党建阵地建设。万侯村以打造党建品牌为载体，以“绣花功夫”，坚持求真务实，扎实推进基层党建三年行动计划落实，充分利用“红色村”历史文化和自然资源禀赋，投入约300万元高质量打造万侯村“红色村”和党群服务中心，深化“红色+”全覆盖阵地体系。2019年9月，万侯村党群服务中心正式启用，楼高2层，占地面积150平方米，设置图书阅览室、办事大厅、志愿者服务站、公共法律服务站、退伍军人服务工作联络点、残疾人协会、打黄扫非工作站、党员工作室、人民调解室、共青团办公室、非法集资监测点、家庭教育指导服务点、经济联合社等，满足村民家门口办事的需求。以红色标识、宣传栏、壁画、展览馆、红色故事浮雕墙等，营造浓厚的红色文化氛围，讲好红色故事，传承“恪守正道，敢闯敢试”的西水精神。依托党群服务中心，探索“党建+”新模式，拍摄“初心如磐　使命在肩——传承西水精神　砥砺奋力前行”红色教育微党课，开展“党员志愿服务”“理论宣讲+采茶戏”等群众喜闻乐见的文体活动，打造品牌化党性教育培训基地。

做实产业帮扶项目。村“两委”干部和驻村工作队积极探索村集体经济发展新模式，牢牢把握脱贫攻坚、乡村振兴机遇，以“支部+企业”“带货小分队”等方式激发万侯村经济新动力。利用引导到户贫困资金146万元，在正邦养猪场厂房顶上投资建设光伏发电项目，2019年下半年开始并网发电，2020年为村集体经济增加收入4.67万元。利用东莞引导资金100万元，投资入股区属国有企业韶关市亿兆商贸有限公司，按照年收益率8%、投资期15年的投资方式，每年增加村集体经济收入8万元。协助14户有养殖条件的贫困户与正邦养猪公司签订养殖协议，通过生猪养殖“托管代养”模式，带动每户贫困户实现每年增收2400元。坚持“政府引导、市场主导，社会参与、互利共赢”原则，广泛动员社会力量参与消费扶贫，当起“带货人”“销售商”，主动担当为全村贫困户找销路、带货卖货，通过“中国扶贫网”、微信等搭建推销平台和主动送货上门等方式，帮助贫困户销售家禽、蛋、米、青菜、米酒等农产品，仅2020年就为全村贫困户增收10.84万元。

细访民情广聚民心。每逢重大节日，万侯村党总支部党员干部、扶贫干部分别到每个贫困户、低保户、五保户家走一走、看一看，倾听他们的困难和诉求，在第一时间解决他们的生活困难，并送上食用油和大米等生活用品，在冬季来临之前送上毛毯、棉衣等过冬物资，使广大村民深切感受到党的关怀和温暖。在发生洪涝灾害时，村“两委”干部、驻村干部，迅速行动、冲锋在前，全力开展防汛救灾工作，加强巡访巡查，帮助低洼地带的农户提前转移，保障了人民群众的生命和财产安全。

坚持振兴发展

万侯村认真做好脱贫攻坚工作，认真谋划实施好乡村振兴战略，着力建设美丽乡村。

全面打赢脱贫攻坚战。村“两委”干部和驻村干部把贫困户脱贫当作是自己的事情，时时放在心上。认真做好贫困户的建档立卡和调查摸底工作，准确掌握全村的资源底数和发展潜力。利用平时走访和年节组织慰问的时机，鼓励贫困户增强脱贫信心。结合实际采取输血式扶贫和造血式扶贫相结合的办法，对没有劳动能力的贫困户进行输血式扶贫，对有劳动能力且有致富意愿的贫困户进行造血式扶贫。开展好产业扶贫工作，保证贫困户有持续稳定的收入。经过帮扶，全村贫困人口年人均可支配收入从2015年的3700元提高到2019年的14356.43元，增长了288%。2019年，万侯村分别达到贫困户和贫困村的脱贫退出标准。脱贫后，万侯村继续做好脱贫攻坚成果的巩固工作，一如既往地对脱贫户给予关心和关怀，没有发生返贫现象。2022年7月，村里发生洪灾，万侯村党总支部一边抗洪，一边帮扶受灾严重的脱贫户联系银行，协调办理贷款业务，缓解脱贫户的困境。从2022年开始，万侯村开展“追逐梦想，助梦启航”万侯优秀高考学子奖学助学活动，以实际行动激励取得优异成绩的学子，进一步弘扬重教兴学的优良传统，深化教育扶贫工作。当年对村里10名优秀学子进行助学奖励，共发放奖学助学金6500元。

大力推进基础设施建设。争取投资75.8万元，建设韶关市武江区重阳镇侯屋村紫薇炮楼修缮工程，于2021年8月30日竣工。争取投资约590万元，建设重阳镇万侯村委冲口坪新村10栋楼房及排水排污建设项目，于2021年12月竣工。争取投资955.99万元，建设重阳镇重阳中学至万侯段道路约7.5千米道路“白改黑”工程，于2022年6月15日竣工。此外，投入资金15万元，安装30盏太阳能路灯，点亮了乡村的夜晚。争取项目资金48.22万元，完成万侯村中方村民小组至乳源大围塘共1.3千米农村公路的硬底化。落实资金8.2万元，对芹村至村委路段增设4~5个会车点。落实资金11万元，改造村主要道路旁的三口鱼塘，增加安全护栏。这些基础设施的建设，为万侯村的进一步发展打下坚实基础。

实施乡村振兴战略。建设乡村振兴车间——万联竹木加工车间，直接解决8名村民的就业问题，每人平均月工资3000~5000元，间接带动100名村民增收，同时可增加村经济收入。与妙联村委合作成立“韶关市万联竹木加工有限公司”，发展生物质颗粒燃料，初步投资100万元，万侯村占股30%，每年为村集体带来稳定经济收入。争取东莞帮扶资金50万元，加上拆旧复垦资金及自筹资金，投资兴建侯屋村四合院民宿项目。围绕侯屋村四合院民宿项目，合理利用万侯古树、碉楼、客家古村落等资源，并联结中方村、徐屋村，打造集红色教育培训和乡村休闲游于一体的特色万侯村。2021年，实现村集体经济收入80.47万元，其中，土地、山林、鱼塘等资源出租收入2万元，光伏发电收入7.91万元，其他收入70.56万元，进一步夯实了乡村振兴的物质基础。

大力提升人居环境。在武江区全力推进武江生态宜居美丽乡村建设中，重阳镇着重围绕提升西河——重阳精品线路，以农房管控和风貌提升为工作重点，着力提升人居环境。侯屋村按照区委、镇委工作部署，借助“打擂比武”东风，结合本村实际，从拆除泥砖房、道路硬化、农房外立面管控、建设广场、四小园、美丽庭院、停车场等入手，推动侯屋从“一时美”向“时时美”转变。高质量、高效率拆除破旧泥砖房1074间和完成土地平整。全村8个自然村全部完成村内排污管、自来水管的铺设、村道硬底化建设。争取挂点单位区工信局20万元扶持资金，同时利用大塘、水心2个村民小组的拆旧复垦资金和自筹资金，一共投入50万元，重点对大塘、水心2个村小组进行人居环境提升，打造人居环境样板。在参加人居环境提升“打擂比武”中，大塘、水心2个村民小组均获得二等奖，并获得奖金各40万元，为人居环境后续提升提供了保障。万侯村先后投入资金约235万元，用于道路硬化、环村绿化、村内亮化、环境美化的“四化”工程，村容村貌迈上新台阶。按照“三分建，七分管”思路，建立人居环境管护长效机制，打造“美丽万侯”，聘请专职保洁人员，管护村庄清洁、公厕维护等工作；制订村规民约，引导群众遵纪守法、爱护公物、维护环境卫生，培育文明乡风、淳朴民风，提升村民文明素质，做到村庄常净、常绿、常美。侯屋村民小组获得武江区2020年第三批“打擂比武”“生态宜居美丽乡村”称号，水心村民小组获得武江区2020年第三批“打擂比武”“美丽农房风貌村庄”称号。

推动文旅融合发展

打造“红色村”品牌。万侯村利用“红色村”历史文化和自然资源禀赋，挖掘万侯村革命人物的人格魅力、革命斗志、奋斗精神等对当代人的“正能量价值”。以弘扬红色文化为主线，因地制宜，打造红色教育游览精品路线。依托党群服务中心，探索运用新媒体平台，讲好红色故事，传承红色精神。近年来，万侯“红色村”共接待近百批次团队前来参观学习，较好

◆ 万侯村党群服务中心

地发挥了讲好红色故事的作用。2023年6月，万侯“红色村”入选重阳镇党员教育基地。

积极开展文娱活动。万侯村依托传统风俗，开展丰富多彩、健康向上的文娱活动。每年春节举行已流传300多年的“舞惊狮”，敬拜祖堂。元宵节举行“接新丁”仪式，邀请全村村民共进晚餐。每年三月三“安都诞”，全村村民集体到村边的盘顶山祠庙拜祭先祖“安都公”。每年八月十五舞火龙，中秋之夜，村民吃完团圆饭后，不约而同地至村祠堂大门前舞火龙，村中所有年轻人一一点燃香把，插成球状，高举过头顶，在月色中和锣鼓喧天声中排成长龙状舞动，从村祠堂大门前，舞动着走过所有村户街巷，给村户带去好运。此外，万侯村还在每年春节期间，举办游园活动、写春联活动、做糍粑活动、送戏下乡活动、广场舞比赛。这些活动的举行，丰富了村民的文娱生活，提升了万侯村知名度，激发了村民参与乡村建设热情，吸引了游客，扩大了消费。

建设公共事业。万侯村扶贫工作立足“以民为本、为民服务、为民解困”的根本宗旨，围绕村民关心的民生问题，努力争取各方面支持，切实解难题、办实事。如针对“上学难”的问题，积极争取区镇支持，实现万侯教学点的复办，解决村内小孩“上学难”的问题，释放了家庭劳动力。针对“行路难”的问题，主要做了四件事：投入资金15万元安装了太阳能路灯30盏，点亮了乡村的夜晚；争取项目资金48.22万元（其中市政府25万元，区公路站23.22万元），完成了万侯村中方村民小组至乳源大围塘共1.3千米农村公路的硬底化；落实资金8.2万元，即将对芹村至村委路段增设4~5个会车点；落实资金11万元，改造村主要道路旁的三口鱼塘，增加安全护栏。

（作者：邱小庭，武江区史志办公室）

曲江区马坝镇龙岗村

龙岗村位于广东省韶关市曲江区马坝镇西面，马坝河北岸，邻近马坝人遗址风景区，距离曲江主城区4千米，交通便利，风景怡人。龙岗村下辖15个村民小组，其中，抗日根据地村庄13个，解放战争游击根据地村庄1个，村民505户共2788人。全村耕地面积2650亩，山地面积1630亩，村内主导产业为水稻、莲藕和马蹄等。龙岗村设党总支1个，下设党支部2个，现有党员61名。2017年10月，龙岗村被广东省委组织部列为党建示范工程“红色村”。

红色简史

参加农民运动

龙岗村具有光荣的革命斗争历史。1923年8月，中共党员谭平山、杨殷、刘尔崧、侯桂平等到达韶关，在北江各地进行宣传慰问和战区调查。1924年1月，第一次国共合作的实现，为农民运动的发展创造了有利条件。谭平山、罗绮园、阮啸仙、韦启瑞、丘鉴志等人奉命深入韶关农村，组建农民协会。曲江翻溪桥村、腊石坝村农民协会是北江成立最早的两个农会。同年9月，孙中山在韶关督师北伐，有力支持了曲江工农运动的迅猛发展。龙岗也卷入

◆龙岗省级“红色村”红色文化展览馆

了农民运动大潮。1925年5月至9月，曲江县农民协会筹备委员会选派16人到广州农民运动讲习所参加第四期学习，其中，学员丘世柱是龙岗红星村人。丘世柱结业后回到当地，开展农民运动并加入中国共产党。彼时，曲江县的农民运动已经有了很大的发展，马坝、大塘、龙归、桂头和樟市以及城郊等区、乡农会相继成立。龙岗在中央农民部特派员、中共党员刘胜侣的帮助下，很快发展农会会员100余人，龙岗欧山的宋木源任农会会长，并在欧山集会庆祝，宣传农会宗旨、行动纲领和注意事项，开展减租减息斗争。1926年春，宋木源派遣他的儿子宋连球佩挂农会会徽到韶关，参加声援北伐誓师大会。在农会的发动领导下，龙岗上厂、甘屋农会组织人员打开当地富户甘兰生的粮仓，将粮食分给贫苦农民。

曲江县农民运动开展初期，地主豪绅的政治势力比较强大，加入农会的人鱼龙混杂，农会领导权被地主分子叶国棠等人篡夺，曲江农民运动一度出现畸形发展。1927年3月8日，曲江龙归地主纠集土匪，将龙归区农会负责人赖兆仪等23人逮捕杀害，制造了“龙归惨案”。事件发生后，为打击敌人的嚣张气焰，省农会北江办事处组织第二期北江农军学校学员和曲江农军，会同陈嘉佑两个营的正规军，打垮了反动民团，剿灭了土匪。龙岗农会会长宋木源带领农军骨干甘春其（欧山）、杨怀德（杨屋）、甘云生（上厂）、甘观营（上厂）、甘顺（塔下）、甘新（甘屋）等人参加了打击龙归反动地主武装的战斗行列。1927年“四一二”反革命政变发生后，中共曲江党组织积极做好农军集训和整编工作。全县约400名农军被编入北江工农自卫军第一大队，其中，马坝和龙岗的农军有50多人。龙岗的杨润先、杨光、林祥等于6月15日随北上部队到达武昌，历时45天，行程1500千米，编入贺龙第二十军二十四师教导团一营，杨润先任排长。6月23日，龙岗甘顺、甘新随梁展如率领的南返农军大队返回广东，在仁化与敌人作战中光荣牺牲。在南昌起义战斗中，杨光、林祥壮烈牺牲。杨润先随曲江农军转战广东、湖南、湖北、江西、福建5省，历时约6个月。龙岗农军的壮举汇入全国革命洪流，在曲江武装斗争史上写下了光辉的一页。

投身抗日斗争

1938年11月，受“省抗先”活动影响，在曲江党组织的领导下，广东青年抗日先锋队马坝联乡队成立，龙岗紧跟步伐，成立了抗日先锋队小组。甘锦轩、甘仁香、甘洪香、杨发柱、甘锦尤、甘锦安等10多人参加了抗日先锋队小组，他们在甘屋、欧山、上厂创办夜校，教村民识字，教唱救亡歌曲、演戏，向群众宣传抗日道理，激发群众抗战热情。

1939年3月，甘锦轩任安山乡副乡长，共产党员何坤照任乡长。当时的马坝区区长杨称先，是死心塌地效忠国民党的反动走狗，逼害进步人士，鱼肉百姓。在党的支持下，甘锦轩和石溪乡乡长杨宜民、副乡长官怀民等，发动两个乡26个保的保长联合签名，告发区长杨称先“纵属行凶，包烟庇赌，藉盐渔利”，揭露他的丑恶面目，迫使他灰溜溜地下台，为抗日救亡工作的开展扫除了一大障碍。同年10月，甘锦轩加入中国共产党。

1945年1月，曲江沦陷。曲江马坝的中共地下组织罗玉麟、杨维常、陈乃仁等人和开明人士杨际春，动员当地群众组织抗日武装，成立旨在抗日保乡的马坝抗日自卫委员会。2月，他们又联合梁展如和郭耀庭领导的乌石、沙溪群众武装，成立曲江联乡抗日自卫委员会。罗玉麟、杨维常、陈乃仁、甘锦轩等地下党员在上厂召开两次会议，动员上厂甘仁香、甘洪香、甘天香，中厂甘明、甘锦浩，塔下甘炳其、甘世勋，黄泥岗杨发威、杨发昌，欧山宋连球、宋龙球、甘元、甘克、甘添发，甘屋甘宽生、甘祥发等20多人带着武器秘密开赴苍村、演山参加抗日游击队。其中，宋连球被委任为第一大队副大队长，甘锦轩为曲江联乡抗日自卫委员会委员兼特务中队长。龙岗参队人员都编入特务中队，担负冲锋陷阵的危险任务。

1945年2月，甘锦轩带领特务中队与马坝地下党200多名武装队伍联合乌石梁展如队伍参加塔子坳和西瓜岭伏击日寇战斗，各中队分别设伏，采取先敌开火，大量杀伤敌人的战术，打击了日军的嚣张气焰。

1945年3月底，抗日游击队掌握到日军、汉奸、密侦队利用在北江河畔虎榜山顶设立的据点，经常由马坝经龙岗到虎榜山和白土一带掳掠，且有一定的规律性，于是决定在上厂打一次伏击。这次伏击把日寇密侦队打得失魂落魄，落荒而逃。龙岗抗日自卫队队员甘明、甘仁香参加了上厂伏击战。事后，敌人大举报复，50多名全副武装的日寇和汉奸扑到上厂、中厂、塔下3个村大肆烧杀抢劫，烧毁房屋上厂25间、中厂15间、塔下5间，3户人家全部家产被烧毁，死伤4人。敌人的穷凶极恶，更加激起了龙岗村民对日军的仇恨，促使龙岗民众同仇敌忾，团结抗战。

1945年8月，侵韶日军集中乘船60多艘，沿北江南逃广州，特务中队和第一、第二、第三中队一起，奉命在北江河畔乌泥塘口伏击，打翻敌船1艘，毙伤敌人10余人。这次战斗，龙岗、水口等村有200多名群众紧跟在后接应。

1945年6月至8月，中共曲江特派员徐毅平多次到龙岗活动，最后一次由何远赤陪同，到欧山找到甘锦轩和朱舜韶（地下党员，政训员）传达党对日、蒋的斗争策略，指导安排抗战胜利后的工作。抗战胜利后，根据上级党的指示精神，龙岗游击队分散隐蔽，还将20多支长短武器交由甘锦初藏入上厂的禾秆堆里。1947年，重搞武装斗争以后，又全部取出，交由游击队使用。

参与解放战争

1945年10月，由马坝地下党支部书记杨维常倡议和资助，何耀爵组织串联，在狮子岩召开秘密会议，成立由原马坝抗日青年骨干18人组成的“兄弟会”，成员有何耀桓、陈耀康、何耀爵、杨宜蕃、丘其忠、罗福添、何仕添、梁传深、甘元、张永芳、傅南安、甘子平、杨宜峥、陈慧、甘克、甘景珠、何远赤、杨宜衎。其中，甘元、甘子平、甘克、甘景珠是龙岗人。“兄弟会”成立后，一直在马坝党支部的领导下进行活动，开始由杨维常亲自抓，后由何远赤、何耀爵负责联系，始终保持了与马坝地下党政治上、组织上的经常联系。

1946年，何耀爵、何远吉在龙岗小学任教员。1947年至1948年，甘锦轩任龙岗小学校长，教员先后有杨宜衎、杨际平、丘其忠等。他们多数是共产党员。1947年8月，曲江重搞武装斗争，马坝支部书记何远赤率领6人携带5支枪到白沙乡乌石洞集结，攻打白沙乡公所。队伍经过龙岗时，甘锦轩送怀表、电筒给何远赤，以利于到白沙举行武装起义。甘锦轩还动员龙岗小学的教员丘其忠、杨屋的杨发威等参加攻打白土伪警察所的战斗。

1946年冬，杨维常家眷迁至欧山定居，杨维常多次在开明人士甘质君家里接待来往于山区的同志，并将一批革命书籍、文件等物品秘密地在村后簕竹头旁挖洞藏好。1948年至1949年，赵学光任中共曲江工委书记兼组织部部长，曾多次到欧山活动，与杨维常商讨革命工作。何远赤、何耀爵也常在上厂甘锦轩家商议动员青年参军参战、解决游击队粮食、经费等事宜。甘锦轩爱人岑德凤、堂弟甘锦初是堡垒户，专为来往革命人员做大量有效的保护和接待工作。在此期间，欧山甘元、甘克、甘子平、杨义、宋连球、张九妹、甘天发、甘秉华、刘成，杨屋杨发威，甘屋甘锦森、甘锦卫，塔下甘炳其，中厂甘明，上厂甘达明、甘自君、甘立明、詹国安、甘步学、甘六金等先后参加了游击队。王宪坚在曲江一中读书时，也力邀白土同学邓允权、邓启超、岑仿古等人，到欧山经石堡去翁源铁龙参加翁江支队。这些热血青年中，不少人经过斗争洗礼，成长为部队战斗骨干和地方干部。刘成、甘立明编入北二支队黄康主力大队任机枪正、副射手，1949年6月，在南雄南亩战斗中，他俩并肩作战，英勇杀敌，刘成负伤后因失血过多，壮烈牺牲，甘立明也光荣负伤。

1947年冬至1948年春，为了保持与韶关地下党的联系，马坝武工队建立起龙岗交通站，下设五个联络点：崩岗下（今邹屋）点，由邹玉彬负责；塔脚下点，由甘炳其负责；甘屋点，由甘锦隆负责；杨屋点，由杨发威、杨发纪负责；高屋点，由高志云负责。1948年4月，五岭地委副书记袁鉴文、政治部主任陈中夫率领黄康大队从始兴突围，100多人带着轻重武器来到龙岗，在塔脚下隐蔽了3天，部队藏在祠堂大厅，由民兵帮助放哨，一日三餐由几家堡垒户来煮，粮食由交通员甘炳其半夜三更到甘屋、崩岗下交通站挑取。此外，交通站还千方百计地为游击队筹集枪支弹药，以及粮食、药品等急需物资。仅甘锦卫就送给游击队俄制七九步枪1支，拉八手枪1支，捐送粮食至少3000斤。1948年8月，宋连球任马坝乡副乡长，协助罗玉麟开展革命的两面政权工作。他通过“搓麻将”等方式，设法向国民党驻军三十九军秘密购买冲锋枪1支、航空曲尺1支交由中厂甘明送何远赤部队；又以乡公所自卫需要为名，公开办手续购买10支汉阳造步枪送给游击队。

1949年7月，赵学光、甘秉华、杨维常、罗玉麟、陈乃仁、宋连球等在欧山召开会议，筹备迎接大军工作，其中最紧迫的是筹集粮食以供南下大军之需。龙岗乡民闻讯后热烈响应，家家户户，少的1箩，多的3担，数天内就筹集了粮食10多万斤。9月28日，马坝乡长罗玉麟不幸被捕，赵学光、何远赤等在龙头寨召开紧急会议，杨维常、甘锦轩根据会议决定，率领龙岗、阳岗农会民兵骨干五六十人撤入苍村演山坚持斗争。10月5日，何远赤率领曲江独立大队从沙溪凡洞到苍村会合。10月6日，马坝解放。10月7日，与南下大军胜利会师。10月8日，庆祝解放大会在马坝鸡子坝广场召开，到会2000多人，马坝人民迎来了翻身解放。

经过多年战争洗礼，龙岗这方红色热土留下了革命先烈的红色足迹和红色革命遗址。先烈们的事迹，后来者们从未遗忘。中华人民共和国成立后，龙岗村在各级党委、政府的领导和支持下，加强对红色革命遗址的监管保护和恢复维修，充分发挥红色革命遗址在爱国主义教育和革命传统教育中的积极作用。龙岗上厂村小组的地下党联络站和塔下村小组甘氏祠堂被广东省列为文物保护单位，成为党员、青少年爱国主义教育基地和革命传统教育实践基地。

发展现状

近年来，马坝镇龙岗村坚持把党建引领融入示范乡村建设，围绕“六好村庄”创建标准，整合区域资源优势，着力补短板、建机制、提能力、出亮点，以打造“红色村”、示范乡村创建进一步提升乡村建设水平，积极探索高质量发展新路径和新方法。如期达到贫困户和贫困村脱贫出列标准，村容村貌焕然一新。2022年，村集体经济收入61.3万元，年人均可支配收入1.8万元。

强化组织建设，巩固战斗堡垒

以“党建引领，美丽共建”为主题，着力优化完善组织体系，加强村党组织对村级其他组织和村级事务的领导，把党建工作向村级各项事务全面延伸，形成党员与乡贤、退休老干部、老教师、妇女、社团组织等各方力量共同推动家乡建设和公共事务的工作格局。比如，在推动“一村一品”特色产业建设中，通过“支部+合作社+农户”的模式，成立了马蹄专业合作社并注册商标，建立了稳定增收的长效机制。龙岗狮源合作社成立后，全村有129户农户参与马蹄产业，马蹄种植面积约232亩。2022年，马蹄产量达92.8万斤，产值约371.2万元。

为加强农村党员教育管理工作，以制度落实为突破口，严格落实“三会一课”、组织生活会、主题党日活动等制度，建立无职党员设岗定责、农村党员“积分制”管理、“星级党员”考评制度，举办“牢记党话，紧跟党走”庆祝建党100周年演讲比赛、新党员集中入党宣誓仪式、“党课开讲啦”等一系列活动，促使本村党员进一步增强党员意识，提高工作积极性，打造出了一支政治可靠、工作积极、成绩突出、廉洁正派的村级党员干部队伍。

◆龙岗村“红色文化+生态乡村”特色旅游路线

2018年，龙岗村党支部书记甘永明获韶关市“最可爱的脱贫攻坚人”称号；2019年6月，龙岗村党总支被曲江区委评为“先进基层党组织”。

开展“三联一创”系列活动，充分发挥基层党组织在乡村振兴中的“红色引擎”作用，以产业联办促增收致富，点燃乡村振兴“动力源”，促使党的建设与农村发展融合共进。还以“共建共治共享”为原则，建立完善“四微服务”协同机制，按照“一对一”“一对多”等形式，推动行政村与机关企事业单位开展组织联建。此外，为确保党员联户效果，建立网格党员联户工作台账，全村党员除外出务工和因年龄、健康等原因不能参与工作等情况外，均参与联户。

引导村民自治，开展依法治村

认真贯彻《中华人民共和国村民自治法》，尊重村民的知情权、参与权、选举权、监督权，由村民依法办理自己的事情。

落实村务公章、档案、经济合同共管，实现村小组合同、公章集中保管。保管柜采用“一柜双锁”的组控模式，外层柜锁钥匙由村委专人保管，村民小组专柜钥匙分别由各村民小组组长持有。村民小组需要使用公章或者查阅档案时，须经各村小组组长登记，并在使用完后立即将公章或档案锁回柜子。目前，龙岗村集中保管村民小组印章30枚、经济合同51份。

严格“三资”信息公开程序，在村委会设置村务公开栏，公开内容包括村委概况、资产资源处置、工程发包、宅基地公开、重大事项公开等。其中，土地、企业和财产承包（租赁）项目公布表公布龙岗村的资产资源承包（租赁）情况，把每个合同或项目的持续年限、起止日期、发包价格、承包（租）人信息等关键内容详细列出来，切实尊重村民对村级事项的知情权、参与权和监督权。

发扬艰苦奋斗、互帮互助、邻里守望的淳朴民风，集中开展“乡村振兴，巾帼行动”“崇尚科学，反对迷信”“文明树新风”等主题宣传活动，大力倡导科学和文明。由各村民小组党群理事会牵头，制定本村民小组村规民约，指导各项村中事务和行为习惯。如，王屋村村民小组村规民约共4章21条，包括总则、土地承包和农业管理、家庭邻里关系和治安管理四章，提高了村民参与自治的积极性。

深入开展“法律进乡村”活动，积极开展法治文化阵地建设和法治文化活动，健全乡村法律顾问制度，为村民提供便捷的公共法律服务。聘请磨铁律师事务所担任村法律顾问，驻村律师按照有关要求开展法律服务，制定了精准法律服务清单，共有法律咨询、法制讲座、指导村委开展项目建设等法律服务12项，及时制作工作日志，反馈工作成效，进一步推动村内形成明显的办事依法、遇事找法、解决问题用法、化解矛盾靠法的风气。

以特色资源为抓手，培育文明乡风

依托龙岗上厂村地下党联络站等红色革命遗址，加快整合村内现有资源。以龙岗邹杨塔下村小组为中心，将上厂、中厂、王屋、欧山、高屋等15个村民小组纳入红色根据地保护范围，先后建立面积552平方米的红色文化展览馆，以及总面积约400平方米的红色文化广场、宣誓墙、大礼堂等红色基地。积极申报建设红色研学实践基地，开发红色文化教育课程，对锡兰书屋、龙岗农会运动、龙岗抗日保乡运动、龙岗地下交通站等历史场景进行再现讲解。目前，龙岗上厂村小组的地下党联络站、塔下村小组甘氏祠堂被广东省列为文物保护单位，成为青少年爱国主义教育基地和革命传统教育实践

◆龙岗村举办“传承红色基因 向国旗敬礼”暨“我和我的祖国”活动

课堂。党史学习教育开展以来，前往龙岗村参加党性教育的党员干部群众络绎不绝。

加强新时代文明实践站、乡村小舞台和文化室等设施建设，将“三农”题材融入文艺创作中，打造出社会主义新农村文化彩绘墙、社会主义核心价值观主题广场、“三槐堂”文化祠堂等一批独具本土特色的创作成果，充分展示新时代农村农民的精神风貌，并引导优秀乡贤回乡开展文化结对帮扶，带动乡村文化发展。

积极开展戏曲进乡村、文明户评选、“传家训、立家规、扬家风”“最美家庭”“文明家庭”培育及“我们的节日”等系列精神文明建设活动。注重培育新型农村领头人，挖掘出王发纯、岑菊英等一批带头推进社会主义新农村建设的先锋模范。大力开展移风易俗行动，建立完善激励约束机制，让村民以模范为榜样，崇德向善，争当典型，形成良好的文明乡风、淳朴民风、良好家风。

深入开展农村基层综合治理，扎实推进雪亮工程、网格化管理服务，不断完善和拓展“四议两公开”“一评两监督制度”，形成了民事民议、民事民办、民事民管的矛盾纠纷联调、社会治安联动、服务群众联心的多层次基层协商格局。截至目前，全村未发现黑恶势力、制毒贩毒吸毒活动和不良社会风气，无重大治安刑事案件、越级上访和非法宗教等活动，总体安定、和谐、有序。

结合区位优势，激活发展动力

以龙岗村党建文化广场为起点，红色文化广场为终点，贯穿红星、王屋、塔下等多个自然村，沿途自然风光和人文资源丰富——将龙岗村委礼堂、王屋村围屋“三槐堂”、百香果种植基地、稻田、竹林等自然田园风光、龙岗红色文化广场、塔下村革命旧址以及龙岗红色文化展览馆等景点串成一线，打造“红色文化+生态乡村”特色旅游路线，通过红色旅游带动了龙岗村的经济发展。

通过将村集体资产出租、建设光伏发电、入股项目分红等，进一步增强村集体经济自我“造血”功能。利用村委旧礼堂、知青场等资源，吸引外来资金投资。成立橘子一品佳配餐中心，盘活出租龙岗狮源合作社综合楼，此两个项目，每年分别可为集体经济增加收入24万元和8万元。

将农村基层党组织建设与红色资源保护利用、文明村镇创建与实施乡村振兴战略紧密结合起来，自2018年以来，龙岗村委拆除破旧泥砖房647间14123平方米，统一规划龙岗村15个村小组的新农村建设，完成雨污分流建设工程、外立面整治。先后投入1500多万元，用于各村民小组开展红色美丽乡村建设。依托红色资源建设红色党建文化区域，建成4.2千米的环村绿道，完成乡村道路硬底化3千米，水渠三面光工程5千米，安装路灯239盏，完成全村旱厕改造、牲畜集中圈养，实现生活垃圾集中清运、污水集中处理，建起小广场、小舞台、健身设施，提升了农村人居环境质量，满足了村民的日常生活、休闲需求，实现了乡村“提面子、增颜值”。王屋村村民小组通过乡贤和村民理事会，筹集资金23.6万元，坚持修旧如旧原则，对全村进行修缮，最大限度地保留老屋、老树等原貌，建设集三槐堂、家风堂等于一体的文化大院，占地面积近500平方米，让有形的乡村文化留得住，让活态的乡村文化传下去，用起闲置乡村资产，带动农家乐和民宿逐渐发展壮大，荣获“广东省美丽乡村特色村”称号。

（作者：何莹，曲江区史志办公室）

曲江区乌石镇展如村

展如村位于广东省韶关市曲江区乌石镇北部，原称鹅鼻乡，下辖14个村民小组，共586户，总人口2276人，劳动力人数1325人。辖区面积约3.5平方千米，林业资源面积约18平方千米，耕地面积约1.88平方千米，其中，农作物面积约1.27平方千米。以农业为主要产业，主要种植水稻、花生、玉米等。2022年村集体经济收入15.92万元，年人均可支配收入2.52万元。展如村设党总支1个，总支委员5名，下设党支部2个，党员65人。展如村是红色游击区村庄，周边有不少地下交通站，在革命战争年代，发挥了重要作用，有力推动了北江革命事业的发展。有着曲江的四个“第一”，即第一个中共党员入党地、第一个中共农村党支部诞生地、第一支抗日游击队组建地、第一支人民武装成立地。此外，展如村还是粤北著名革命烈士梁展如的故乡。梁展如的革命事迹脍炙人口，“红色之家、两代烈士、三代革命、四代党员”，是韶关一位活跃在大革命时期、土地革命战争时期、抗日战争时期和解放战争时期的重要革命人物，在韶关革命史上有着应有的位置。2018年7月，展如村被韶关市委组织部列为党建示范工程“红色村”。

红色简史

曲江农民运动的兴起

1923年10月，社会主义青年团广东区第一次代表大会决定："以粤汉、广三、广九铁路及其附近地区为重点开展国民运动和农民运动，在东、西、北江及韩江等地区建立地方团组织以加强对农民运动的领导。"此后，有谭平山、彭湃、罗绮园（后叛变）、阮啸仙、丘鉴志（后脱离革命）、刘胜侣、侯凤墀等一大批革命同志进一步加强了在北江的革命活动。在他们的组织、发动和领导下，北江的农民协会逐步建立起来。

1924年1月，第一次国共合作的实现，为北江农民运动的进一步发展创造了更加有利的条件。同年9月，正值孙中山在韶关督师北伐，电召以彭湃为团长的广东农民自卫军（由广州农讲所第二期学员组成）和施卜任团长的广东工团军从广州开赴韶关，进行军事训练和担任北伐后方宣传工作。他们于9月21日到达曲江县城，翌日组成宣传队，分别到县城附近数十里的农村，广泛宣传发动群众支持、赞助孙中山北伐。每到一处"先将该村户口生活状况作详细之调查，然后说明组织农民协会及农民军之利益"。在彭湃、阮啸仙等人的支持与鼓励下，地处曲江县城东面的翻溪桥村的叶国棠、叶凤章（曲江县东厢人）及腊石坝村的黄希盘等人发动群众，率先组织起翻溪桥、腊石坝两个村农民协会（犁头会，简称农会），叶国棠、叶凤章和黄希盘分别被选为村农会负责人。这是曲江县、北江地区最早组织起来的两个农会。

同年9月29日，翻溪桥、腊石坝两村农会的全体会员高举犁头大旗，参加在曲江县城韶关南教场召开的有各阶层共26个团体3000余人出席的赞助孙中山北伐大会。大会发表《韶州各界赞助孙中山北伐大会宣言》。孙中山在会上作题为《北伐的目的》长篇演说，表扬韶州各界人民赞助北伐的革命精神。会后，参会人员进行盛大的游行。据当时上海、广州的《民国日报》报道，此次大会产生很大的政治影响。由于孙中山的大力支持，曲江的工农运动得以迅猛发展。前往参观学习翻溪桥、腊石坝村农会经验的人络绎不绝，从而带动了全县各地农会的纷纷建立，并迅速蔓延到整个曲江大地，成为北江地区农民运动的一面旗帜。

为发展壮大农民运动，翻溪桥村农会骨干叶凤章、叶发青、叶凤端、叶凤标、叶凤阳等人，在当地的莲花、府管、下陂、陈江等各乡村，采取办夜校、教唱《农会歌》等形式，大力宣传“民众居不安、食不饱的根源在于军阀卖国，列强入侵，挽救自己，就要团结起来，抵抗列强，打倒军阀”的道理，继续组织农民成立村、乡农会，持续扩大农会的影响。同时，派出积极分子先后到大塘、重阳、马坝等地协助指导组织农会的工作。

在农民运动大潮的影响下，1924年9月以后，乌石鹅鼻洞各村的农民也逐渐觉醒起来，纷纷组织起本村的农会组织。同年12月，鹅鼻洞乡农会组织成立，塘面梁屋的梁东锦任农会正执行委员，田松春（后叛变）任农会副执行委员。在各级农会的领导下，鹅鼻洞各村开展轰轰烈烈的“二五”减租减息斗争，成为曲江农民运动开展较早、颇为活跃的地方之一。鹅鼻洞梁屋的梁展如也积极投身农民运动，参与组织起6个乡的农会。1925年春，第四区（乌石、白沙）农会成立，梁展如任区农会执行委员。1925年12月，梁展如加入中国共产党，与欧日章、叶凤章组成中共曲江县支部，成为曲江县最早的3名党员之一。

同地主土匪作斗争

正当曲江农民运动兴起时，乌石街大地主成玉山勾结国民革命军里的反动分子，以派民夫或筹款顶夫的办法剥削农民。1925年秋夏间，成玉山还指使团丁开枪杀害了一名东安寨赶圩的无辜农民，激起了当地农民的极大义愤。为抗议成玉山的可耻行为，第四区（乌石）农会干部发动赶圩群众，拿着扁担等物作武器赶到现场，把无辜被害农民的尸首抬到成家铺子，并包围了团防局，砸烂了团防局的部分设施和铺店门面，迫使成玉山低头，向死者家属赔偿损失。这是曲江农民与地主豪绅坚决作斗争的一次英勇壮举。

事后，成玉山不甘失败，招匪首黄细苟下山充当“司令”，双方聚众六七百人，盘踞在乌石险要之处，勒索搜刮农民，破坏农民运动，以泄心头之恨。他们在乌石街挖筑3条深沟，埋下竹尖，装上围栏作为屏障，留3个栅门出入，配置机枪，由匪徒把守，逼使过往人员接受检查，留下“买路钱”才能通过。还在仁昌楼、当铺楼、狮子岭等制高点设立据点，借以控制铁路、公路和水路。外围工事扩至李家山和火车站，时常拦截北江河上来往船只，袭击火车越货，为非作歹，导致粤汉铁路和北江河道不能正常运行，而且还严重破坏农民运动的开展，危害极大。

为剿灭乌石这股土匪，中共北江地委根据中共广东区委和省农会的指示，动员曲江农军，配合国民革命军剿匪。梁展如发动乌石鹅鼻洞等曲江南水农军，积极配合国民革命军第二军第六师戴岳和教导师陈嘉佑剿匪。1926年5月，匪巢被攻破，打死打伤土匪数百人，基本肃清了北江大股匪患。

1926年5月，中共曲江乌石支部成立。梁展如将乌石、白沙地区的农运和农军骨干林永福、林永金、林永祥、梁庭勋、徐茂由、徐兴秋、徐景招、徐景松、徐赞修、李春富、丘皆忠、朱德养12人吸收入党。5月15日晚，在塘面村梁展如家中举行支部成立会议。梁展如兼任支部书记，林永福任组织委

◆ 梁展如故居

员，李春富任宣传委员。根据党员居住分布情况，支部分为3个党小组。塘面村（包括斗龙湾）为第一党小组，组长林永福，党员有林永金、林永祥、梁庭勋和梁展如；徐屋村为第二党小组，组长徐茂由，党员有徐兴秋、徐景招、徐景松和徐赞修；白沙乡为第三小组，组长李春富，党员有丘皆忠和朱德养。这是曲江县第一个基层农村党支部。该支部成立后，便开始领导当地的农民运动。

1927年“四一二”和“四一五”反革命政变发生后，梁展如组织曲江农军，奉命编入北江工农自卫军北上武汉，实行反对蒋介石叛变的革命行动。此时，由于大革命的失败，乌石的反动分子王相古、田松春等人拼凑了所谓的“清党委员会”，对当地共产党员和革命群众实行残酷的搜捕和杀害。面对这一严酷的形势，1927年冬，北上回来的梁展如召集欧日章、叶凤章等人，在鹅鼻大山开会研究今后的革命斗争，会议决定与反动分子作坚决的斗争，梁展如负责曲江南水一带的革命活动。

1928年1月，为配合曲江西水农民暴动，梁展如按照北江特委的指示，先后两次进入西水宣传和组织群众支援。北江特委委员卢克平也到乌石、马坝，发动农民在铁路沿线剪断电线，破坏交通，牵制敌人，还帮助乌石一个党小组处决了反动分子王相古，乡亲们无不拍手称快。

陷入低潮

1928年秋，组织起以梁展如为大队长、叶凤章为副大队长的曲江县第四区农军大队，在鹅鼻洞一带活动。这自然引起国民党反动派的极端仇视。同年11月13日，北江绥靖公署主任王应瑜调集一团兵力，纠集马坝豪绅张毓秋、乌石警察大队长万球古，在田松春的暗引下，对鹅鼻洞各村进行了残暴的“围剿”。敌情紧急，梁展如、叶凤章等10多个农军大队的领导和骨干被困在梁屋村的一间独屋里。面对敌人的重重包围，梁展如、叶凤章果敢指挥，与敌人拼杀3个小时，毙敌排长以下10余人，突出重围。在战斗中，梁永兴、叶凤洲、叶建荣等7名农军壮烈牺牲，叶凤章身负重伤，后牺牲在马坝南华圳背村的山窝里。敌人进村后，大肆抢劫村民财物，烧毁民房20多间，当场将梁展如的父亲梁东锦活活烧死，逮捕200多名无辜群众，后来释放100多人，仍有30多人被押至韶关，其中农会干部刘武助、刘福兴、黄俊明被杀害。敌人还悬赏1000块大洋通缉梁展如。此后，梁展如外避他乡，在英德、翁源、佛冈、新丰等地坚持开展秘密活动，积蓄革命力量。

英勇抗日

转眼到了抗战时期，1938年6月后，梁展如先后任中共马坝党小组组长、中共马坝支部（马乌支部）书记。在乌石恢复了林永福、徐兴秋、徐景招、徐茂由、徐茂香的组织关系，又吸收了徐兴湘、徐景茂、侯义强入党。梁展如等还在濛浬组织起抗先队，开展抗日宣传活动。

1945年1月曲江沦陷后，梁展如在家乡组织起一支30多人的抗日武装。鹅鼻洞的徐茂由、梁坤、梁镜、梁柱、徐兴秋、徐景水、梁双、赖神成等参与其中。2月底，曲江抗日武装整合后，梁展如任曲江联乡抗日自卫委员会副主任委员兼第三大队大队长。4月，曲江联乡抗日自卫委员会武装划归北江支队建制，编为曲南大队，梁展如被任命为曲南大队大队长。梁展如率领曲南大队转战乌石、沙溪、马坝一带，与日寇作战10多次，毙伤鬼子数十人，缴获战利品一批。在沙溪瑶佬坳与日军作战时，小队长梁柱不幸牺牲。1945年8月，国民党六十三军一个连，偷袭在鹅鼻洞活动的曲南大队乌石中队和北江支队何通大队，抗日武装坚决予以还击，经数小时战斗，打退了敌人的进攻，当场抓获为敌人带路的反动分子华沛托，并予以处死。政训员徐良，通讯员徐仔、梁柱壮烈牺牲。

1947年6月19日，梁展如等在鹅鼻洞坳头山赖秋林果园茅厂成立了解放战争时期曲江第一支人民武装，也称曲南大队。曲南大队先后配合粤赣先遣支队飞虎大队夜袭沙溪乡公所和国民党南华农场，取得了胜利。尔后，坚持在曲南和曲翁边境进行艰苦的斗争。同时建立起鹅鼻洞地下交通站，发展党的组织，开展武装斗争。鹅鼻洞有两个地下交通站，一个设在下山陂（黄屋），另一个设在徐屋老共产党员徐兴湘家，由徐兴湘负责，交通员有赖秋林、徐志灵，在解放战争中，为游击队传递情报和信件，护送进出游击区的领导和革命同志，将武器、弹药、粮食等物资送进北一支发挥了重要的作用。值得一提的是，在极其艰苦的斗争环境下，徐兴湘及家人，收留北一支战士陈参标在家养伤治病一年之久，其事迹令人深受感动。在此前后，曲江党组织得到较快的发展，吸收了赖秋林、梁镜、梁坤、梁双、赖潮、徐强、徐志灵、赖玉林等人入党。1948年初，梁展如调往北一支司令部，先后任中共翁始曲工委委员，北一支三团副团长。鹅鼻洞有一批游击队员如刘义、刘金明等跟随梁展如转战翁曲边境。不幸的是，1949年2月，梁展如在翁源黄竹坪与敌战斗中被俘，于4月28日在翁源官渡河边英勇就义。

中华人民共和国成立后，为纪念和缅怀梁展如，曲江县人民政府将鹅鼻乡改名为展如乡，并在京广铁路广韶段增设“展如站”，当地学校被命名为“展如小学”，在曲江烈士陵园建立梁展如烈士纪念亭。

发展现状

近年来，为充分利用好当地的红色资源，展如村坚持党建引领，通过将红色基因注入乡村振兴战略，在红色文化主题基础上，结合当地的农耕文化和自然环境，推进红色旅游文化村创建，弘扬老区革命精神，带动当地农民脱贫致富，奋力将展如村建设成一个具有红色文化内涵的自然、生态、美丽的新农村。

加强组织建设为乡村振兴“筑基”

健全党组织架构。全村目前共有党员64名，其中，35岁以下14名，占21.88%；60岁及以上28名，占43.75%；女党员20名，占31.25%；初中及以下

◆展如红色文化主题公园一角

学历33名；占51.56%，大专及以上学历18名，占28.13%。村党总支下设2个党支部，分别为展如村第一党支部，党员31名；展如村第二党支部，党员33名；下设4个党小组，通过层层健全完善党组织架构增强党组织的凝聚力和战斗力。

抓实班子队伍建设。村“两委”干部共5名，其中党总支书记、村委会主任、村集体经济组织负责人“一肩挑”；党总支委员5名、村委委员3名，100%交叉任职；35岁以下干部2名，无60岁以上干部，平均年龄38.8岁；大专及以上学历4名；女性1名。近年来，村党总支紧紧围绕抓党建促发展，坚持以党建为引领，大力做好抓班子、带队伍、促落实、尽职责工作，营造了浓厚的干事创业氛围，获得了许多荣誉表彰。2018年获韶关市曲江区“乡村振兴工作先进单位”称号，2019年获韶关市优秀“儿童之家”、韶关市“平安家庭”示范村等荣誉称号；村党总支组织委员郑丽丽同志获“2019年曲江区优秀党务工作者”和“2021年曲江区优秀党务工作者”荣誉称号。

抓细流动党员管理。村党总支共有流动党员10名，主要流向“珠三角”地区务工，通过指定专门流动党员联系人，每季度至少同流动党员联系一次，了解流动党员的思想动态和工作情况，向他们传达上级有关精神、党支部的活动安排及作出的决议等，确保流动党员参与组织生活“不掉队”。

严格发展党员。严格把好党员发展关，真正把先进分子吸收到党的队伍中来。村党总支近三年以来发展党员2名，其中30岁以下1名，大专以上学历2名，均为返乡大中专毕业生，其中1名为返乡创业致富能手。注重从创业致富能手、返乡大中专毕业生、复员退伍军人、务工经商者等人员中挖掘和培养党员，现已吸纳入党积极分子和发展对象共2人。

加强教育培训为乡村振兴“铸魂”

坚持理论学习不放松。村党总支以学习贯彻党的二十大精神为主线，注重把传承梁展如的红色基因作为激发干部群众乡村振兴的精神动力，将“党建+红色教育”融入“三会一课”“主题党日”、组织生活会、党员志愿活动等方面，并采取集中学习和个人自学相结合的方式开展形势政策教育、理论学习教育、专题警示教育，集中学习著作和权威读本，加强对党员的教育管理，强化理论学习，增强自律意识，进一步提高党员的先进性，更好地激发党员参与乡村振兴的热情和创造活力。

围绕中心突出重点学。聚焦“百千万工程”、乡村振兴、基层治理等中心工作，邀请驻村律师、农技专家、上级有关单位领导或学者开展法律法规、农业种养技术提升、壮大村集体经济收入方式等不同领域的学习培训，不仅丰富了党员、群众的学习内容，还有针对性地提高了村民的法律修养和农业种养殖技能水平。

结合本地特色灵活学。村党总支贯彻落实习近平总书记关于“要把红色资源利用好、把红色传统发扬好、把红色基因传承好”的重要指示精神，高度重视红色革命遗址的维护和开发利用，大力开展红色教育，用好用活红色文化资源，定期组织党员到展如红色文化主题公园开展常态化学习教育活动。通过参观红色革命遗址、重温入党誓词、回顾梁展如革命斗争之路，将红色文化与党员思想教育有机融合，坚定共产党员的信念和崇高理想。

抓牢经济发展为乡村振兴“注能”

高质量建设绿美“生态圈”。树立“绿水青山就是金山银山”的生态发展理念，努力建设生态绿美的展如村，为经济发展夯实基础。大力开展植树造林，大力保护古树名木，倡导绿色生产生活方式，严格落实林长制，常态化做好森林防灭火工作，保护乌石绿水青山，近年来展如村没有发生森林火灾事故。坚决守住“耕地红线”，管护好村里的土地资源。全村现有生态林6392亩、耕地2775亩。村内主要种植稻谷、花生、笋、竹、油茶、沃柑、皇帝柑等农特产品，其中柑橘种植面积300多亩，年产值超180万元。

成立新型农业经营主体。以“红色村”建设为契机，由党组织和党员带头创办、领办农民合作社、家庭农场等新型农业经营主体。目前，全村有合作社和规模以上家庭农场各3个，分别是展如村笋竹专业合作社、展如村油茶专业合作社和农宗信家庭农场、茹意家庭农场和清风家庭农场。清风家庭农场已荣获“广东省级示范农场”称号，原有200亩种植基地已扩大至1000亩。村集体成立展望农业发展有限公司，主要发展食用菌产业，经销与绿之盛合作的“葛根面”等米面制品。展望农业发展有限公司成立至今，经营收入11.8万元。

开拓多种销售渠道。利用直播带货这一电商平台带来的时代红利，以

◆曲江区第一个农村党支部标志

“村集体合作社+农户+电商”模式销售农产品，将展如农业融入直播带货的大市场，同时借助消费帮扶，提高村集体经济收入和农户收入。积极探索电子商务公司与展如集体经济合作的共赢新模式，主动对接南雄市文华电子商务孵化港，以展如村集体合作统一销售的模式，将沃柑、茶籽油等优质农副产品上架五色岭南数字乡村电商平台，进一步拓宽农副产品销售渠道。

大力发展特色产业项目。2022年，村里建成了5个标准化大棚的食用菌种植基地。同时试种香菇菌棒2万棒，收获新鲜香菇1.5万多千克，收入7万余元。种植赤灵芝菌棒6000多棒，已收获灵芝孢子粉20多千克，赤灵芝50多千克。2023年10月，乌石镇展如村特色家禽养殖场暨食用菌种植基地（扩建）工程正式开工。计划再建设一座面积约100平方米的精深加工作坊，包括烘干房、灵芝破壁房、包装室、储藏室等功能房间，进一步提升农产品深加工水平，促进食用菌高效利用，提高食用菌产品附加值。与此同时，延伸食用菌种植产业链，新建一间1000平方米的散养鸡棚。预计投产后年出栏5000只鸡，蛋、鸡年收益可达10万元；年产出香菇干2500多千克，收益20余万元。

挖掘红色资源，衍生产业链。依托梁展如故居这一红色革命遗址，向参观者宣传展如村的发展前景、资源优势、产业类型等情况，拓宽展如村农产品销售渠道，吸引投资者投资产业。积极探索文旅融合发展助力乡村振兴新路径，将具有“梁展如”特色的历史物品复刻成纪念品，收集整理梁展如的历史事迹、口述资料和烈士遗物，修缮扩建梁展如故居，故居内共陈列文物82件，基本还原了梁展如革命一生和曲江农村第一个支部的历史印记。还启动梁展如故居及周边地下交通站和游击战旧址馆建设工程，设计用地500亩，投资150多万元，对乌石交通站旧址进行重新修缮，推进梁展如故居及周边地下交通站和游击战旧址馆建设工程，重新修缮梁展如烈士故居及其周边环境，新建革命党史陈列馆、梁展如烈士纪念碑，铺设一条长10千米的红军路。在省、市、区的支持下，2018年投入约142万元，建成韶关市第一个村级红色文化主题公园。整个工程建设涉及梁展如故居周边环境整治提升、亲水平台建设、故居整治布展等，分期建设，有序落实，并于2019年6月竣工。为使红色旅游与休闲娱乐相结合，充分结合梁展如故居依山傍水的特点，利用故居旁边的水库、鱼塘，新建钓鱼台和钓鱼栈道。生态绿道、环湖栈道与村级森林公园串联成景，有效将红色文化优势转化为乡村发展优势，走出一条农旅融合乡村振兴之路，为乡村振兴提供了新的发展动能，努力建设集红色爱国旅游、农业观光休闲、体验、避暑为一体的乡村旅游胜地。展如红色文化主题公园建成后，累计接待各地党员干部和群众6000多人次。2022年，梁展如故居获评“广东省社会科学普及基地”。

创新治理模式为乡村振兴“助力”

充分发挥党组织在乡村治理中的领导作用，把党的政治优势、组织优势、联系群众优势转化为乡村治理实际成效。

建强服务阵地。一是打造温馨党群服务中心。村党群服务中心占地面积450平方米，以打造特色亮点、服务群众为核心，发挥功能化作用为目标，丰富党群服务功能，延伸党群服务触角，较好地发挥了党群服务中心“功能性”服务群众的作用。办事大厅共设置综合服务、帮办代办、医保、退役军人、党员管理等办事窗口，可办理各类公共服务事项及上级部门下沉业务共30余项。桌面型“粤智助”政务服务自助机已投入使用，让群众办事“小事不出村、大事不出镇”，打通服务群众的“最后一米”。二是积极推动资源服务平台下沉。展如村在刘屋、上山坡、下山坡、圳下4个村小组建设了党群服务室，配套了电灯、桌椅、书柜、理论书籍等，党建元素上墙，成为党员、群众学习、开会、议事的重要阵地。

强化村小组管理。以深入实施曲江区高质量党建推动高质量发展“五强五优”十大行动为契机，紧紧围绕责任落实、队伍保障、监督管理“三个到位”，大力落实《关于加强村民小组管理的行动方案（试行）》，推进村民小组规范化建设。制定《村民小组长主要职责任务清单》《村民小组长履职负面清单》，督促指导各村“两委”干部分别联系若干村民小组长，日常掌握村民小组长职责发挥情况，及时掌握思想动态。全面落实“四议两公开”，重点抓好村组“三资”管理。推行“村委保管集体钥匙、村小组保管小组钥匙”管理模式，将村小组公章纳入村党组织统一管理，确保规范化使用。

抓好为民服务。以党员“星级评定”为抓手，落实无职党员设岗定责工作。根据党员的个人意愿、能力、技能等实际情况，科学设置政策法规宣传岗、党务村务监督岗、社情民意收集岗等8个岗位，16名常年在村的党员主动认领岗位，明确工作职责。通过党务公开栏亮明身份、公开承诺践诺等方式，主动公示岗位设置情况和党员认领情况，接受群众监督，不断提升基层党组织的影响力、凝聚力，推动基层各项治理工作。在党组织的有力领导和党员群众的共同努力下，展如村公共设施不断完善。全村全面普及自来水，通村道路硬化4.8千米，每个村民小组至少有6盏太阳能路灯，全村实现通电、通网，有客运班车途经展如村，每天往返18趟，直达曲江城区和乌石主街区。家禽家畜圈养，村庄环境整洁卫生，于2016年获“韶关市卫生村”称号。

加强网格建设。针对各村民小组具体情况，将基层党建与综治维稳、森林防火、卫生保洁等各类网格多网融合、一网统管，以行政村为一级网格、以村民小组（党小组）为二级网格，再以每5~10户划分为三级网格，作为最基础的网格单元。全村建立一级网格1个、二级网格14个、三级网格29个，实行“一网格一巡查一报告一处置一监督”的“五个一”闭环服务管理工作机制，按照权限范围内的立即办、涉及上级部门的帮助办、群众困难的上门办、时间紧急的加快办、跟踪服务的主动办的“五办”标准，高效率解决村内矛盾纠纷和群众反映的问题，推动网格化基层治理从“九龙治水”向“一网统管”转变，提高群众的安全感、幸福感和获得感。2021年上榜广东省乡村治理示范村创建单位名单。

凝聚党员群众力量。充分发挥党员先锋模范作用，带领群众干事创业，特别是在应对自然灾害面前，显示出展如村党群一心、合作攻坚的团结氛围。2022年6月，面对百年一遇的“龙舟水”强降雨和洪涝灾害，村党总支迅速行动、尽锐出战，连夜完成山塘下游600多名村民转移，避免了山塘溃坝引发的致命灾难，全村未发生人员伤亡事故。灾后积极开展清淤清杂志愿服务活动，组织党员和群众志愿者22名，出动挖掘机6辆，清除淤泥杂物1万多吨，群众生产生活迅速恢复。展如村被评为曲江区抗洪救灾突出贡献集体，村民黄明华勇救落水女孩被评为曲江区“见义勇为”先进个人。

（作者：何莹，曲江区史志办公室）

乐昌市梅花镇大坪村

大坪村（原属乳源）位于韶关市乐昌市梅花镇东南方，地处粤湘两省交界处，距离梅花镇政府7.5千米。明朝天顺年间，杨氏祖先迁徙到此而形成村落。因村旁有笔架山、将军山、旗岭三座山寨而取名寨下村。中华人民共和国成立后，依据四面环山、中为平地的特点，改为大坪村，别名笔山村。大坪村有600多年历史，村内有保存较完整的明清时期古建筑近万平方米，有文昌阁、文奎楼、墩素斋（新书房）等县级以上政府认定的文物古迹13处。下辖20个村民小组，1024户4824人。由于处在粤湘交界处，革命战争年代，大坪村具备了开展革命活动良好的基础条件。大坪村革命军民与湘南革命军民一道，在党的领导下，守望相助，患难相扶，生死与共，团结战斗，书写了可歌可泣的革命篇章。1990年，被评为“红色革命老区村”。2018年7月，大坪村被韶关市委组织部列为党建示范工程“红色村”。2020年8月，大坪村被中组部列为开展组织振兴建设红色美丽乡村试点村。

红色简史

群英会聚杨家寨——开展党的地下革命活动

大坪村内的杨家寨是个拥有300户人家，约1500人的大村庄，由几个自然村组成，全村同宗共祖都姓杨，一直以来，宗族观念浓厚。杨家寨是个易守难攻的地方。村内有座高3层、建筑牢固的白色围屋炮楼，西南面有大、小炮楼2座，炮楼之间筑有200米长的围墙，正前方有下墩围楼的炮楼互为犄角，相互照应。祠堂前开有射击孔道的横墙上，“猪仔”炮和火铳常架于此，封锁着村前要道。村内各巷道交界处设有牢固的栅门。早在大革命时期，杨家寨就成立了拥有70支步枪的农民自卫团，团员中有许多人曾当过兵，有一定作战经验，随时都能集合起来战斗。

1927年“马日事变”后，国民党反动派在湘南地区进行惨绝人寰的血腥镇压，湘南革命组织遭到严重破坏，湘南人民陷于极度艰难的困境。幸存的一批湘南革命同志，在本地难以立足，纷纷向粤北山区转移，先后转移到乐昌。

杨子达、胡少海、谷子元、余经邦、李光中、李光化、杨高林、林长春、肖良略、贺畔朵、余稼生等一批共产党员和革命同志等都在杨家寨留下了革命足迹。他们在杨家寨以木匠、泥水工、烧炭、行医等职业为掩护，一方面谋生立足，一方面寻找上级党组织，联络失散的同志，建立和发展党组织，开展革命活动。

杨家寨“青苗会”的兴起

1927年5月21日“马日事变”后，宜章县农协委员长杨子达等一批革命同志在家乡无法立足，转移到了大坪杨家寨（杨子达的祖籍地），坚持地下革命斗争，随其一起来的还有他的三个兄弟以及胡少海等人。杨子达白天帮忙干农活、家务掩人耳目，晚上串联开展地下活动。其后在杨明照的引见下，结识了同样为躲避国民党抓捕，转移到村里的乐昌农运领导人杨高林（祖籍杨家寨，先祖迁到乐昌桂花村居住），组成了搭档。两人在村中发动群众成立了秘密农会——青苗会，会长由思想较进步、敢于担当的村民杨维清担任，组织成立后，积极维护村中治安，保护村民生产。在杨子达、杨高林进步思想的影响下，村中父老和村自卫团人员思想上有了较大的转变，逐渐拥护共产党的主张，倾向于革命，支持惩治土豪劣绅，减租减息，为今后农民运动的进一步开展创造了有利条件。

杨家寨军事会议——揭开了湘南暴动的序幕

1927年八一南昌起义后，朱德率领南昌起义军余部穿山西进，直奔湘南。

1928年1月初，朱德、陈毅率领南昌起义军余部辗转到达梅花大坪杨家寨。朱德部队还没进入杨家寨，杨子达等人就到村外三四里远的柞树坳迎接。朱德部队一进村，乡亲们就在村边燃放鞭炮欢迎，还杀了七八只肥猪慰劳部队。当晚，朱德部队在村中住下来。战士们睡觉很简单，有的在地上睡，有的用门板铺在地上睡，还有的直接睡在楼板上。为了让战士们睡得舒服一些，一些村民把自家干稻草挑来给官兵们垫着睡。战士们纪律严明，不因为住宿条件简陋而侵占民房。

◆ 大坪村文奎楼——湘南暴动军事会议旧址（肖敏 摄）

随后几天，朱德部队都住在杨家寨，并将司令部设在杨家寨贤官阁的文奎楼上。朱德、陈毅在文奎楼召开了军事会议，研究决定往后的军事行动。参加会议的有王尔琢、蔡协民、胡少海、李光中、杨子达等人，会议还分别听取了乐昌党组织负责人李光中、宜章党组织负责人杨子达等人关于乐昌、宜章的情况汇报，分析了湘南的斗争形势，决定利用蒋介石和军阀唐生智正酣战于湘北、湘南敌人势力较弱、宜章没有军队防守、秘密参加革命的胡少海身份尚未暴露等有利条件，智取宜章。由胡少海带队，把队伍装扮成国民革命军开进宜章，一举夺取宜章县城。同时，会议还初步拟定了湘南暴动的战略方针。

1月11日上午，按原定计划，朱德率领起义军余部从杨家寨出发，浩浩荡荡地向宜章开进。1月12日，一举夺取了宜章县城。

由于杨家寨军事会议制定了正确的战略决策，智取宜章取得成功，打响了湘南暴动的第一枪，揭开了湘南暴动的序幕。杨家寨军事会议，在湘南暴动史上是一次极其重要的会议，具有十分重要的历史意义。如果没有这次会议，就不可能取得夺取宜章的胜利，整个湘南暴动也不可能有势如破竹的顺利发展。

戊辰惨案

7月，杨家寨因收留南昌起义军余部，支持朱德、陈毅组织湘南暴动，遭反动派进行“清剿”。朱德部队离开大坪杨家寨后，梅花地区反动豪绅便向国民党广东省政府密报，称杨家寨“窝匪”“通匪”。国民党广东省政府当局指令反共卖力的乐昌县县长刘应福派兵进行“清剿”。刘应福抽调警卫队员和乡丁组成500多人的“清乡团”，于7月24日凌晨赶到杨家寨附近，“清乡团”知道村内防守严密，不敢贸然进攻，便趁天未亮，分兵抢占了有利地形。一向财迷心窍的“清乡团”主帅梁廷桂，决定趁机敲诈一笔钱财再说，于是派人送信给杨家寨的宗族头人，要他们拿4000块银圆出来。村庄被围、制高点被抢占，加上情况不明，为村庄安全着想，杨家寨宗族头人也想通过用钱财来化灾，求得梁廷桂退兵，于是七拼八凑筹了4000块银圆给梁廷桂。梁廷桂拿到银两后把队伍撤回梅花圩。梅花圩的反动豪绅地主对梁廷桂大为不满，认为杨家寨“通共窝匪”，绝非出4000块银圆可以解决。

梁廷桂又受指使率“清乡团”返回杨家寨，他妄想再敲诈6000块银圆化解事情。面对巨额索款，杨家寨已无钱再给，而且看出敌人贪得无厌，给再多钱也无济于事，于是不再理会梁廷桂。7月27日下午，梁廷桂见杨家寨不给钱，下令攻打村寨。村民寡不敌众，纷纷趁夜逃离寨子。“清乡团”进村搜索，见人就抓，见值钱的东西就抢，还放火烧毁房屋，杨家寨陷入一片火海之中。“清乡团”打死村民30多人，打伤80多人，俘虏70多人，烧毁房屋500多间，造成200多户人家无家可归。杨家寨这场劫难，当地称“戊辰惨案”。

杨家寨虽然遭受了严重的生命和财产损失，但是没有因此被吓倒，反而更加激起对国民党反动派的怨恨。在党组织的领导和带动下，杨家寨继续支持革命，投身革命。

谷子元到杨家寨与大坪杨家“大江会”

1928年，朱德部队上井冈山后，湘南白色恐怖严重，留在湘南坚持革命斗争的党员和革命同志在当地难以立足，不得不向粤湘边界转移。

4月下旬，湘南耒阳、永兴、宜章等县留下坚持革命斗争而未能上井冈山的农运骨干、中共党员谷子元、余经邦等一批革命同志，转移到乐昌的坪石、黄圃，梅花大坪杨家、石带余家等地，以做木工、泥水工等职业隐蔽下来，继续开展地下革命活动。

这些转移到乐昌的革命同志，在当地秘密建立党的组织和工人群众组织。1928年秋，谷子元在大坪杨家寨发动群众成立“大江会”（又叫番粟会），主要任务是维护村子的治安，取信于民，立稳脚跟，坚持斗争。

中共梅花特别支部、鲁班工会、中共大坪杨家支部

1929年2月，活动在梅花的地下党员，建立了中共梅花特别支部，陈者枝任书记，谷长枨、谢庭交任委员。中共梅花特别支部以三和圩为联络站，每逢圩日开会，交换工作情况，加强与坪石党组织的联系，掌握敌情动态和了解上级的指示精神。同时还分片建立联络点，第一片是梅花洞，第二片是大富岗、出水岩、辽水，第三片是柞木洞、坛司、大坪杨家，第四片是清洞、坪溪等地。通过联络点，把分散在各地的党员、革命骨干组织起来。

同月，谷子元也在梅花组织泥木工人成立梅花鲁班工会，有会员400多人。鲁班工会的主要任务：一是要求增加工资，改良待遇，改善工作条件；

二是刺探敌情，通讯联络；三是代购枪支，输送游击队员支援游击队。鲁班工会的成立，团结了很多泥木工人。

1930年1月，经过谷子元、杨高林的工作，在杨家寨发展了杨炎安等6名思想进步的村民加入中国共产党，成立了中共大坪支部，杨高林任书记，后由杨炎安接任。这是由当地党员成立的第一个支部。2月，北江特委派巡视员、两广省委特派员柯飘零等人到大坪杨家等地检查工作，向中共梅花特别支部、中共大坪杨家支部等讲述国内外形势，传达上级的指示精神，部署各项工作。杨高林作为支部书记详尽地汇报了党支部的活动情况。

中共乐乳宜边区工作委员会

转移到粤湘边界的湘南同志，经过一段时间的隐蔽活动，认为长期分散隐蔽行动，不利于开展革命斗争，不利于领导，必须联合起来，建立一个统一的组织来领导流散在乐昌、乳源一带的湘南同志。

1929年5月，为了加强乐昌、乳源、宜章边区工作的领导，活动在这些边区的中共党员，在梅花大坪杨家附近的石子望寮庄成立了中共乐（昌）乳（源）宜（章）边区工作委员会（简称中共乐乳宜边工委），李光中任书记，杨高林、谷子元、李文修（后叛变）为委员。中共乐乳宜边工委实行委员分片负责制，李光中、李光华负责乐昌，杨高林负责乳源，谷子元、李文修负责宜章。中共乐乳宜边工委集散中心点是大坪杨家南面大山一带，属中心县委性质，下辖中共梅花特别支部，中共大坪杨家支部，中共坪石中街、新街、塘角上等支部和梅花鲁班工会。此时，杨家寨成了重要且可靠的革命指挥阵地。

中共湘粤边区工作委员会

1929年9月，中共乐乳宜边工委、中共宜临连边工委同流散在乐昌黄圃塘村、九峰、北乡等地的革命同志在乐昌坪石新街拱桥边的公盛客栈又成立统一的领导机构中共湘南（驻粤）工作委员会。

1930年12月，根据革命斗争形势发展的需要，为了统一湘粤边区的宜、临、连边和乐、乳、宜边区以及郴县东边岭一带党组织的领导，扩大武装革命斗争，中共湘南（驻粤）工作委员会在大坪杨家敏求堂召开扩大会议，参加会议的有尹子韶、曹彬、陈俊余、杨炎安等30多人。会议决定将中共湘南（驻粤）工作委员会改称中共湘粤边区工作委员会（简称中共湘粤边工委）。选举尹子韶为书记，曹彬为组织部部长，谷子元为宣传部部长，何鼎新为军事部部长，彭良、杨高林等为委员。会议要求要加强各地党组织的领导，积极扩大武装斗争。同时，会议还决定将中共湘粤边工委机关迁移到大源加昌水口附近的泗公坑木炭窑里。中共湘粤边工委活动范围扩大到五岭南北两侧各县，东起乐昌九峰、黄圃，西至连县、江华。此后，中共湘粤边工委领导乐昌的黄圃司、塘村、京口、牛栏冲、坳丘等地建立了党团组织和农会。

中共湘粤边工委在与湖南省委、湘南特委未取得联系的情况下，先后在北江特委、广东省委和湘赣省委领导下进行工作，并领导湘粤边区人民开展革命斗争。

红七军杨家寨休整

1931年1月底，中共湘粤边工委获悉由邓小平、张云逸率领的红七军已到达湖南宜章迳口村的消息后，派杨高林到迳口村迎接红七军。2月1日，红七军进入梅花，军指挥部设在莲花祠。

2月3日，红七军与尾随而来的国民党军在梅花地区展开激战。这场战斗中，共毙伤敌军1000多人，红七军亦伤亡700余人，五十八团第一营营长（原二十师师长）李谦不幸牺牲。中共湘粤边工委积极发动当地群众参加支前工作，帮助红七军运送枪支弹药，组织担架队，抢救伤病员。

梅花战斗结束后，红七军连夜撤退到大坪杨家寨。在杨家寨，杨高林、谷子元等组织党员群众一方面为部队筹措了队伍行军途中所需的粮食，并派人为红七军带路继续向江西前进；一方面把红七军留下的400多名伤病员转移到湖洞、大桥等安全地区养伤，发动人民为红军伤病员送茶送饭，筹粮找药，精心照料红军伤病员。

红七军从大坪经老屋场、冷水坑向乐昌方向前进。经过昼夜急行军，到达武江边的乐昌长来、杨溪渡口渡河。因国民党军以密集的火力封锁了渡口，仅邓小平、李明瑞率领的五十五团和五十八团一部顺利渡河，并向仁化、江西崇义方向前进；张云逸带领未渡河的五十八团大部和军直属队沿原路返回，当晚在大洞宿营。自此，红七军分成了两部分人马。

不久，张云逸率部重返大坪村，并在文昌阁设立临时指挥部，召开紧急会议研究撤退计划。此后，由谷子元、杨高林担任向导带领张云逸部队经马糍湖、金岭下，在武江支流加昌水口全部顺利渡江。张云逸离开乐昌时，赠送了2挺重机枪和175支步枪给中共湘南特委，充实了地方游击队的装备，支持了湘粤边赤色游击队的武装斗争。

坚持群众性游击武装斗争

1931年起，大坪成为湘粤边赤色游击大队活动区域之一，直至1938年，游击队整编为新四军暂编第一大队北上抗日。

在革命战争年代，大坪村人民群众为中共地下组织保存革命力量、开展革命活动作出了积极的贡献。

发展现状

大坪村位于梅花镇东南方，距离梅花镇政府7.5千米，距离乐昌市区58千米，G535、西京古道穿村而过，邻近G240，交通便利，区位优势比较明显。全村面积30.98平方千米，下辖20个村民小组，共1024户4824人。耕地总面积2226.89亩，主要经济作物为辣椒、南瓜、蔬菜等。村内有10个水电站。温泉资源丰富，桥背组的温泉常年恒温50℃。全村设党总支1个，党支部4个，党员70余名。2022年村集体年收入79.5万元。先后获中国传统村落大坪村、广东

◆乐昌市梅花镇大坪村村貌（张春玲　摄）

省“一村一品、一镇一业”专业村、广东省乡村治理示范村等荣誉称号。

突出党建引领，基层党建全面加强

点亮党建“前行灯”，村级党组织领导好。2020年12月，大坪村被列入中组部组织振兴试点村，大坪村党总支以班子建设为重点，扎实推进组织振兴试点各项工作。

一是坚持村党总支对本村各项工作的全面领导。实行村里其他基层党组织向村党总支报告和“四议两公开”工作制度，提升村党总支的领导力、组织力、凝聚力。

二是选优配强村“两委”班子，增强战斗力。按照“双好双强”标准，实现村“两委”班子平均年龄下降、学历提升。积极选派村党组织书记参加各类学习培训和学历提升班，履行列席梅花镇领导班子会议制度，提高村党组织书记议事决策和履职能力。加强村“两委”干部队伍管理，制定村级小微权力清单、岗位责任清单和服务群众事项清单等制度，加强村“两委”干部履职情况监督。

三是充分发挥党员先锋模范作用。通过开展无职党员设岗定职、设立党员先锋岗、发放“共产党员家庭”门牌卡等方式，调动全村党员工作积极性和主动性。组织发动全村党员参与村庄清洁卫生活动、疫情防控工作等，发挥党员先锋模范作用。

完善党群服务体系，把党组织阵地建设好。持续推动落实基层党建三年行动计划，打造标准化、规范化党支部、“5分钟党群服务圈”。

一是升级改造本村党群服务中心，严格按照“一厅六室”规范进行布局，并增设一间集展陈、教育于一体的党群服务中心展示功能区，着力将大坪村党群服务中心打造成集党群活动、服务群众、功能展示等功能于一体的综合服务阵地。

二是在规范化建设村级党群服务中心的基础上，推动村民小组党群服务室建设，以党群服务中心为主心骨下延建设16个党群服务室（点），将党建阵地延伸覆盖到各村民小组。开展“民情夜访”、调解纠纷、学习教育等活动，实现党建阵地和服务“双下移”，有效解决了村民小组数量多、分布广，党群服务中心的辐射范围有限等问题。

突出政治标准，党员发展质量好。注重从村民小组长、回乡大学生、创业致富带头人中发展党员。严格落实发展党员工作程序，把政治标准放在第一位，防范和杜绝动机不纯的人进入党员队伍。

强化创新引领，打造经济发展新亮点

创新产业发展模式，大力发展蔬菜种植产业。乐昌市绿源蔬菜流通专业合作社位于梅花镇，成立于2007年底，每年可生产、收购、销售蔬菜产品4000~5000吨，实现产值1000万~1200万元，带头致富效果明显。大坪村党总支充分发挥纽带作用，积极主动对接乐昌市绿源蔬菜流通专业合作社，推行“支部+合作社+基地+农户”四位一体产业合作发展模式。依托乐昌市绿源蔬菜流通专业合作社大坪村蔬菜育苗基地，积极动员本村村民参与绿色蔬菜标准化种植示范基地项目，辐射带动3000多户农户实现增产增收。大坪村被认定为首批省级“一村一品”蔬菜专业村。

村党组织书记带头，推动绿色产业发展。大坪村党组织书记积极利用参加外出学习交流的机会，找到本村绿色产业发展的切入点。根据大坪村的土壤、气候等实际，组织发动大坪村民利用荒山荒坡，开发打造100亩板栗、50亩香芋种植基地。

村党组织领办创办集体专业合作社、村集体公司。以集体专业合作社、村集体公司为依托，整合产销渠道，统筹销售当地优质农产品，实现“供销”双赢。2023年预计增加村集体经济收入6万元。

村党组织领办成立大坪村乡村振兴车间等新型农业经营主体。大坪村党总支充分利用东莞驻镇帮镇扶村资源，在乡村振兴车间引进6台毛织机器，代加工手工饰品，实现村民在家门口轻松就业。

立足红色资源，唱响红色“主旋律”

建设红色阵地，推进红色革命遗址保护及修缮工作。制定《大坪村红色革命旧址修缮维护方案》，做到规划先行。注重争取上级资金开展本村红色革命遗址保护，提高保护利用水平。现已完成文奎楼、敏求堂、杨氏宗祠、文昌阁等的修缮，南昌起义军余部大坪村军营驻地旧址群已完成方案编制、

◆大坪村新书房（肖敏　摄）

专家评审、概算编制等。在现有村党群服务中心的基础上，扩建红色文化多功能展示厅。目前已完成红色文化展示功能区基础建设，红色展陈部分正在规划建设。正在修缮的杨家寨礼堂，改造升级后将成为承接大型红色宣传活动的阵地。

赓续红色基因，传承红色精神。通过整理大坪村红色革命故事及有关史料，编印《红色记忆——梅花镇杨家寨革命历史资料汇编》系列丛书。加强培训，组建以村“两委”干部、老党员、驻村团队为主的大坪村红色讲解团，已累计接待单位和社会团体160余个，开展形式多样、生动入心的讲解2700余人次。举办红色历史主题青年座谈会，拍摄大坪红色革命故事视频短片，绘制大坪村红色旅游地图，建立“梅花大坪”微信公众号，不断提升大坪村红色文化知名度，擦亮大坪村红色文化“名片”，让大坪村红色革命历史代代相传。

融合发展，积极探索红色文旅产业。充分发挥大坪村独特的红色资源、古村落优势，结合大坪桥背村两处自然地热温泉，丰富的山涧溪流资源，毗邻帽峰山、仙人岩、青莲山等风景名胜，打造融合红色研学、休闲观光、绿色农业发展以及乡村民宿等周边配套服务产业为一体的红色农文旅产业项目。

持续优化环境，建设美丽宜居乡村

推进农村人居环境整治，全力实施美丽乡村建设。一是持续推进破旧泥砖房“拆清用”工作。向党员群众深入宣传“三清三拆”、依法依规建房等政策，发动党员广泛参与人居环境整治。截至目前，大坪村已完成破旧泥砖房清拆19842平方米。二是有效落实卫生保洁长效机制。全村设置垃圾收集点7处、垃圾桶35个，建立“村收集，镇转运、市处理”的生活垃圾收运处理体系，实现100%生活垃圾无害化处理。制定《大坪村环境卫生保洁制度》，通过发放倡议书，设立“村庄清洁日”，组织广大村民开展房前屋后乱堆乱放问题整治，开展“美丽庭院”创建活动。实行“门前三包”，开展文明户、美丽庭院创建等措施，进一步推动村庄清洁行动制度化、常态化、长效化。三是积极响应农村“厕所革命”。拆除旱厕3座，新建户厕37座、公厕4座，改变了村民卫生习惯。通过公示维护保洁标准、监督单位联系方式，确保公厕日常卫生保洁落实到位。

推进农村基础设施建设，提升现代农村建设硬实力。一是加快农村全域自然村集中供水项目建设，7.8千米自来水主管改造完毕并投入使用，切实解决了村民饮水难的问题。二是持续推进村道巷道提升改造，巷道硬化3500多米，村道扩宽600多米，提升了道路通畅水平。三是投资180万元完成低压线路改造，有效解决了边远村民小组电压不稳的问题。四是进一步加强农田水利基础设施建设，维修水渠12500米，有力解决了农田灌溉取水难的问题。五是与广电网络合作，打造智慧乡村初见成效。广电高速网络进入村民家中，借助电视网络推行党务、村务、财务公开。投入200多万元，在村内安装10个摄像头、6个高音广播。

健全村集体经济运行机制，着力改善和保障民生

加强村集体资产管理规范和监督。大坪村党总支以试点工作为契机，多措并举推动村集体资产监管信息化、制度化、阳光化，有效加强了对村集体资产的保护力度。一是转变群众思想观念，将村集体经济收入统一纳入村账管理，实行村账镇管，组账镇代记，加强资金的监督管理。二是定期开展年度资产清查工作。定期对村集体资产、资源、资金进行全面清查和登记，

◆ 大坪村新农村建设前后对比图

将数据纳入省“三资”平台进行信息化管理。三是加强农村集体财务管理。严格执行《农村集体经济组织财务制度》，完善农村财务制度和会计制度，并通过“三务公开”方式定期公开经费收入和使用情况，增强资金使用透明度。

优化村集体经济收益使用机制。村集体经济收入，向民生项目倾斜，用于公共设施建设维护、村庄保洁、奖学助学等民生项目。目前，已利用村集体经济实施86项公共设施维护等民生项目，有效解决了村民“急难愁盼”问题；奖励学生88名，其中大学本科33名、专科29名、小学26名，有力营造了尊师重教的氛围。

加强村级治理，构建和谐稳定环境

培育文明乡风。坚持道德引领，组织完善村规民约，对家庭暴力、拒绝赡养老人、炫富铺张、“黄赌毒”等行为提出约束，大力倡导文明乡风。坚持价值引领，倡导践行社会主义核心价值观，保障和维护妇女、未成年人和特殊困难群体的合法权益。

健全矛盾纠纷化解调处机制。把有责任心、有声望的村民纳入村民调解委员会队伍。建立矛盾纠纷排查工作机制，把问题发现在苗头状态。及时介入调处，把矛盾纠纷解决在萌芽状态，切实做到“小事不出村，大事不出镇，矛盾不上交”。

建立网格化管理为民办实事机制。建立大坪村三级网格。全村建立网格20个，累计解决群众问题86件，组织969人次农村党员领岗履职参与疫情防控、森林防火、农村人居环境整治等村级中心工作。深化党群服务中心实体化、功能化建设。推动49项政务生活服务事项下沉，实现村民在“家门口”办事。

（作者：黄娟，乐昌市史志办公室；丘昊鑫，乐昌市文广旅体局）

乐昌市坪石镇皈塘村

皈塘村位于韶关市乐昌市坪石镇北部，距坪石镇政府10千米，与湖南省宜章县毗邻。皈塘村坐东朝西，青山环绕，依山傍水，峰峦竞秀。皈塘村形成于宋朝，至今有800多年的历史。皈塘村下辖21个村民小组，行政区划面积39.7平方千米，生态林21.5平方千米，户籍人口560户2091人。全村设党总支1个、党支部2个，共有党员60余名。2018年7月，皈塘村被韶关市组织部列为党建示范工程“红色村”。

红色简史

风起云涌的工农运动

皈塘村民李传楷，1912年加入同盟会，1921年，他参加乐昌首次县长民选竞选活动，并当选为县长。李传楷支持组建乐昌、乳源、宜章民船会，在坪石亲自建立工农武装——联团。

1924年国共第一次合作达成后，乐昌农民运动也进一步兴起。在陈德钊、李传楷等人宣传发动下，1925年7月，乐昌县第一个农会——皈塘农会成立。随后一年内，莲塘、小漕、白沙、杨毡、天堂、寮下门、新田、田头共8个农会成立。

1925年8月，毛泽东前往广州主办第六届农民运动讲习所，途经乐昌。其间，毛泽东在乐昌县城义仓为工人、农民作了一次演说，对皈塘农民运动、乐昌工农运动的开展起了极大的推动作用。

皈塘等地工农运动的开展，极大地触动了乐昌当地地主豪绅、贪官污吏等反动势力的利益。坪石官僚地主何泽洪、邓茂成和土匪胡凤璋对乐昌农运领导人李传楷等更是恨之入骨。1926年6月，李传楷在坪石区农会不幸被捕，后壮烈牺牲，时年55岁。

乐昌农军参加南昌起义

1926年，皈塘人李光中、李二德、李传柱等随北伐军北上武汉，在国民革命军第二十四师叶挺部下工作。1927年5月1日，乐昌农军500多人与北江各县工农军1200多人北上参加了南昌起义。在转战中，乐昌农军战士沈仁政等

◆ 皈塘村晒谷坪现状（李松田　摄）

在攻占会昌城的战斗中光荣牺牲。已任南昌起义军第二十军第三师第六团第三营连党代表的李光中随起义军抵达潮汕，参加了汤坑、流沙战役。

9月，南昌起义军在转战潮汕失利后，李光中和乐昌部分农军潜回家乡。根据上级党组织的指示，他们重建乐昌党组织。同为皈塘人的乐昌农军中队长李家泉冒着生命危险只身从庆云镇湾雷村回到坪石，与李光中一起，于12月建立了中共坪石支部，李光中任支部书记。在此期间，李光中根据上级关于建立农村革命政权和组织武装农民的指示精神，重新建立农会，组织农军，发动农民开展减租减息运动，与土豪劣绅作斗争。

坪石大捷

朱德智取宜章之后，革命的烈火在湘粤边界熊熊燃烧，蒋介石急令“马日事变”刽子手、国民党独立三师师长许克祥率部从韶关开到乐昌坪石，将部队摆成一字长龙阵，向宜章城进攻，企图消灭朱德部队。

1928年1月31日，朱德带领工农革命军第一师主力，向岩泉圩发起突然袭击，歼灭许克祥两个主力团，许克祥逃往坪石镇。朱德部队乘胜追击，直捣坪石，许克祥坐上小船沿武江河逃跑。在坪石战斗中，李光中率领乐昌农军拿着长矛、大刀、铁叉和鸟枪等支援朱德部队。同时在附近村庄、山上燃放鞭炮，令敌人误以为四面八方都是朱德部队。

坪石战斗，歼灭敌人1000余人，并有大批缴获，这就是历史上著名的坪石大捷。坪石大捷是朱德率领南昌起义余部，依靠人民群众的力量，运用游击战术在运动中消灭强大的敌人的光辉战例，是一次以少胜多、以弱胜强的战术典范。

毛主席“黄洋界上炮声隆，报道敌军宵遁”诗句中提到的那门炮，就是坪石大捷的战利品。这门炮为井冈山保卫战的胜利奠定了坚实的物质基础，至今保存在井冈山革命博物馆。

朱德在1962年《从南昌起义到上井冈山》一文中，还如数家珍地谈起当年追歼许克祥部那种痛快淋漓的场面，朱德风趣而又形象地说：“是许克祥帮助我们起了家。”

皈塘祝捷大会

1928年2月2日，坪石大捷后，朱德率工农革命军进驻皈塘村，休整练兵，受到皈塘人民的热情欢迎和盛情款待。朱德、陈毅、王尔琢、蔡协民等

◆皈塘村李氏宗祠（李松田　摄）

在畈塘李氏宗祠住宿。

在畈塘，朱德举行了坪石大捷祝捷大会，总结战斗、表彰英雄。同时，成立工农革命军乐昌独立营，李家泉为营长，李光中为党代表。其间，畈塘乡苏维埃政府成立。

乐昌独立营在井冈山

1928年2月，乐昌独立营随工农革命军第一师转战湘南。4月，朱德、陈毅等率领湘南起义部队1万余人到达井冈山地区，同毛泽东领导的秋收起义部队胜利会师，组成工农革命军第四军（6月改称红军第四军）。乐昌独立营改编为第二十九团第三营，李光中为营党代表，李光化为营长。

井冈山会师后，国民党反动派妄想消灭这支日益壮大的革命武装，不断向井冈山根据地进犯。为了保卫井冈山革命根据地，毛泽东、朱德决定首先消灭驻遂川的国民党军第八十一团。由红二十九团拿着梭镖大刀去诱击驻黄坳的敌人，把敌人整个团引到五斗江进行歼灭。

4月的一天，天刚蒙蒙亮，乐昌独立营随红二十九团，以迅雷不及掩耳之势，从四面八方冲入敌人的宿营地黄坳，战士们挥舞着梭镖大刀，杀得刚从梦中惊醒的敌人丢枪弃弹，四处逃窜。

敌军团长黄体仁得知黄坳营地被工农革命军袭击，而且是被持梭镖大刀的队伍所打败，急忙亲自带领该团人马，向黄坳扑来。当晚，敌人在离五斗江不远的南坑宿营。红二十九团乘胜追击，乐昌独立营战士在李光化、李光中的率领下，急速向五斗江前进。翌日天亮后，敌人大摇大摆地向五斗江进发时，突然枪声四起，早已埋伏在五斗江附近的红二十九团，向敌人发起猛烈攻击，打得敌人抱头鼠窜，纷纷后退。

此时，团长胡少海一声令下，乐昌独立营战士率先跃出阵地，向逃敌勇猛追杀。经过一天一夜的激烈战斗，终于在永新北田将敌人第八十一团全部消灭。

6月中旬，蒋介石调集湘赣两省重兵向井冈山根据地的中心宁冈压来。江西的敌师长杨池生、杨如轩首先带着敌第九师、二十七师共5个团兵力向井冈山根据地北大门七溪岭扑来。6月23日清晨，战斗首先在七溪岭打响。李光中率领战士们占据有利地形，打退敌人的多次冲锋。不一会儿，敌人又发起进攻。李光中穿梭于战壕间，来回鼓励乐昌独立营战士：“哪里敌人多，就往哪里打，枪口要灵活点！”“绝对不能让敌人爬上来！”敌人的冲锋又被压了下去。敌人倚仗人多弹足，轮番炮轰，一次次地组织进攻，战斗越打越激烈，最后敌人逼着约三个连的士兵，冲到离乐昌独立营约20米处。这时乐昌独立营号兵李远荣吹起了冲锋号，战士们跃出战壕，冲向敌军。此时朱德从望远镜中看到全歼敌人的时机已到，立即命令其他团也发起猛烈的冲锋，把杨池生一团人马全歼于新七溪岭下、龙源口桥畔。这一仗，缴获敌人一批武器，乐昌独立营战士还缴获一挺重机枪。乐昌独立营在井冈山根据地保卫战的黄坳、五斗江、七溪岭战斗中，英勇作战，奋力杀敌，为保卫井冈山根据地作出了贡献。

皈塘惨案

1928年7月24日，土匪胡凤璋伙同国民党范石生部，趁工农革命军和乐昌独立营北上井冈山，以乐昌坪石皈塘曾建立苏维埃政府为由，对皈塘进行疯狂扫荡和血腥镇压，制造了惨绝人寰的“皈塘惨案”。

胡凤璋匪部和国民党反动军队夜袭皈塘，在皈塘各村路口架设机枪向村民扫射，并进村抢夺财物，随后放火烧村。大火烧了两天两夜，死难村民140多人，烧毁房屋370多间，抢走粮食400多担、生猪200多头、耕牛30多头，很多村民流离失所。皈塘为革命事业付出了巨大牺牲，历史不应忘记。

坚持地下活动和游击武装斗争

包括皈塘人民在内的乐昌人民，在朱德部队北上井冈山后，强忍敌人破坏家园的悲痛，继续开展艰苦卓绝的武装斗争。

1928年“八月失败”后，随朱德上井冈山的李光中率乐昌独立营战士回到乐昌，与留在家乡坚持革命斗争的李家泉等人取得联络，恢复中共坪石支部，壮大党的组织，并继续开展武装斗争。

10月，中共乐昌县委员会成立，李光中任县委书记。11月，中共乐昌县第一次代表大会召开。

1929年6月，李家泉奉命回皈塘筹粮，不幸被敌人发现。国民党坪石区区长李家业带领反动武装到牛栏冲围捕。李家泉顽强抵抗，击毙敌人1名、打伤敌人2名，后因弹尽力竭，寡不敌众，被捕入狱。在狱中，敌人多次对他进行严刑拷打，但他始终威武不屈，正气凛然。他说："要杀就杀，共产党是杀不光的！"敌人于同年10月将他杀害。

1930年4月，李光中前往香港找上级党组织汇报工作。当他由香港回乐昌时，在县城东头街被国民党警卫队辛栖云发现，遭到逮捕入狱，不久也被残忍杀害。

1931年，中共湘粤边工委机关移驻黄圃的泥塘、皈塘京口、坳坵一带，并恢复湘南特委。1933年春，谷子元出任宜乐县委书记，县委机关设在坪石皈塘寨头岭等地，谷子元进驻皈塘寨头岭，带领皈塘人民团结奋战，并成立了皈塘区委4个支部。

1937年至1945年期间，湘南特委先后由谷子元、肖林、蔡坚、罗良等任特委书记，粤湘边游击大队由李林任大队长。湘南特委和粤湘边游击大队建立了鱼池岭、小水、走马岭、桃坪、竹岗山、寨头岭、坳丘等党支部和联络点。游击队员广泛活动于宜章、赤石、九阳、里田、汝城及乐昌的九峰、黄圃、皈塘等地，组织当地农民抗租抗税，打击恶霸，破坏敌人交通、基地、机关，袭击土匪胡凤璋和国民党军队。皈塘的圆通庵是党组织和游击队的一个联络点和藏身地。

发展现状

坚持党建引领

皈塘村党总支始终坚持以党建引领脱贫攻坚和乡村振兴，确保工作保持正确的方向和得到强有力的推动。

深入开展“红色村”党建示范工程建设。2017年，皈塘村被列入韶关市市级“红色村”党建示范工程名单，村党总支充分利用此次契机，把农村党建阵地标准化建设与挖掘保护利用红色资源相结合，挖掘红色资源，传承红色精神，推动村红色革命遗址的保护工作，建设皈塘村史馆，建设皈塘村红色宣传栏，把皈塘革命文化作为党性教育的重要内容，讲好红色故事，打造

◆皈塘古村现貌航拍图

红色文化宣教区，用红色精神赋能脱贫攻坚和乡村振兴。

提升党支部标准化、规范化建设水平。以“三个在先”强化以村党组织为核心的村级决策水平。加强村“两委”班子队伍建设，强化责任使命担当教育，落实岗位工作责任制。以严格落实“三会一课”制度带动全面落实党建各项规章制度，切实提高支部建设规范化、制度化水平。开展丰富多彩的党建活动，增强党组织的凝聚力、活力。加强村级后备干部的培养，确保村级事业后继有人。

积极对接乡村振兴驻镇帮镇扶村工作。2021年6月，黄埔海关、广东技术师范大学驻坪石镇帮镇扶村工作队入驻坪石镇，8月向皈塘村派驻第一书记。皈塘村积极争取帮扶单位的关心和支持，推进强村富民工作。工作队入驻以来，黄埔海关、广东技术师范大学主要领导等多次到皈塘村调研并开展慰问活动。黄埔海关所属老港海关还发动其辖区爱心企业为皈塘捐款18万元。驻镇帮镇扶村工作队通过使用帮扶资金和引荐等方式，解决皈塘村广场“白改黑”、安装200盏路灯等实际问题。

发挥党建结对共建作用。皈塘村与党建共建结对单位老港海关积极开展“线上视频联学”、党组织和党员“双结对”等联学共建活动，着力推动农村基层党建与乡村振兴深度融合。老港海关机关党委及2个党支部通过上门座谈、视频连线和党员“一对一”等方式，了解皈塘群众所思所盼，帮助群众解决实际问题。每年元旦、春节期间，老港海关主要领导率队到皈塘村慰问困难群众、脱贫户和村干部等，5次慰问合计67户次，慰问物资和现金合计2.3万元。

融合资源开发旅游景点

皈塘村“两委”总结村里的三方面优势和五方面劣势，着力扬优势、补短板，依托“红色村”、800多年历史底蕴和21.5平方千米生态林，制定“建设红色皈塘，建设生态皈塘，建设文化皈塘”的资源开发战略。

推进皈塘革命老区红色遗址中远期规划。分三期稳步推进13个规划项目。收集整理有关史料，突出皈塘农会、坪石大捷、朱德和陈毅办公旧址及旧居、皈塘惨案、湘南特委办公遗址等独特红色元素，讲好红色故事，弘扬红色传统。在此过程中，一体开发打造皈塘古村原汁原味的徽派古建筑风格及笔架峰、森林公园等自然景观、山水乡村风光，将配套设施与新农村建设结合起来，提升红色旅游的吸引力和生命力。努力打造宜居、宜业、宜游与具有红色文化生态特色的美丽乡村，力争把皈塘建设成有一定知名度的红色文化旅游基地、党史学习教育培训示范基地、红色文化美术写生创作基地。

优化提升村广场布局。争取黄埔海关帮扶资金42.8万元，修葺皈塘村广场，对附近道路进行“白改黑”改造，规划建设停车场，施工面积3100平方米。着眼打造农村网红拍摄地和打卡地，谋划完善村广场综合配套设施，完善皈塘村史馆，建设红色驿站、培训饭堂，探索建设特色民宿、特产商店等，打造环广场服务圈。目前，环广场建设初见成效，接待各团体321个，参观人数2.8万人次。

建设红色公路。以打通皈塘老区红色革命遗址道路为突破口，积极请示上级有关职能部门，争取到10.2千米红色公路硬化指标，一举修通通往红军墓、红军岩、瞭望台等红色革命遗址的道路，同时也解决了大公冲、上竹岗、廊头岭三个村民小组的交通难题，为发展红色生态旅游奠定了基础。

立足实际发展富民产业

乡村要振兴，因地制宜选择富民产业是关键。皈塘村充分依托本地优势引入特色产业，壮大村集体经济，促进农民增收致富，探索出一条独具特色的高质量发展新路子。

因地制宜发展农业。坚持以发展经济为主题，以农民增收为核心，着力抓好种植业、养殖业。黄烟是皈塘村的主要经济作物，全村共种植黄烟520亩。村“两委”组织黄烟种植大户，指导科学规划黄烟的轮种，选用优良品种，提高种植技术，改良烟叶烘烤方式，提升烟叶品质和附加值。研究林下药用植物种植，与韶关学院共同合作“粤北地区林下药用植物种植助力乡村振兴”项目，申请研究经费10万元，其中5万元投入广佛手种植，每年保底收益8%。

推进光伏发电项目落地。协助坪石发电厂推进光伏项目，协调征租地工作，同本村村民做好细节解释工作，严格落实土地补偿政策，消除村民疑虑。大力发展农光互补，采用上面敷设光伏板，下面种植农作物或发展养殖业，提高土地综合利用率，最大限度发挥单位土地使用价值。通过光伏发电项目开发建设，带动本村相关产业发展，扩大村民就业和再就业。已完成光伏发电项目250亩。

规范建设垦造水田。配合乐昌市垦造水田三年行动，结合高标准农田建设、巩固脱贫攻坚成果等工作，将本村自然条件好、集中连片度高、适宜规模化种植的300多亩地，纳入垦造水田范围。村“两委”干部积极做好政策宣传、民事协调工作，动员相关村民签订补偿补贴协议，按时足额发放补偿款，确保垦造水田工作顺利开展。

传承文化培育乡风文明

皈塘村“两委”以乡风文明作为建设美丽乡村的源头活水，加强乡村文化传承保护，大力加强农村思想道德和文化建设，推进移风易俗，积极营造文明乡风、良好家风、淳朴民风。

优化建强阵地平台。在综合性办公场所布置基础党建宣传栏、皈塘革命历史简介长廊、皈塘村概况、古村风采、村落历史、领导关怀及社会媒体关注、村委工作剪影等栏目。推进皈塘村省级新时代文明实践示范站场地建设，制作17个示范工程宣传栏，按照“十个一”标准，逐项落实场地建设要求。整合优化基层具有教育群众、服务群众职能作用的各类阵地，盘活村广场、党校分教点、乡村大舞台、农村志愿者服务站点、农家书屋和篮球场等公共服务设施。依托这些平台，大力开展乡风文明的宣传展示活动。

传承皈塘优秀传统文化。从网络、报刊、书籍上收集汇总“南詹北夏，一代词宗”詹安泰描写皈塘风光的诗词《临江仙·皈塘松径》，美丽散文《忆皈塘小巷》，皈塘诗联、歌谣、家训、民俗、传统美食等皈塘题材的历史文化资料。参与组织编撰《光辉的足迹——坪石镇皈塘革命历史图片集》等红色文化书籍。通过传承皈塘的优秀传统文化，塑造皈塘村的精气神。

经常性举办群众文体活动。以满足皈塘村民精神文化需求为出发点和落脚点，在皈塘乡村大舞台多次主办、承办各类文体活动。比如，组织开展“我们的节日”主题活动，中秋、国庆、“三八”等节日群众文艺晚会，革命老区文体活动，乐昌市“追忆先辈足迹，重温烽火岁月”华南研学纪念八一建军节系列活动，乐昌市戏曲进农村文艺巡演活动等。不断提高皈塘群众的文化道德素质和文化生活质量。

丰富乡风文明营造内容。制定《皈塘村村规民约》，健全村民理事会、红白理事会、道德评议会、禁毒禁赌会等，定期开展乡风文明评议活动。常态化开展道德模范、身边好人学习宣传活动，开展新乡贤、好公婆、好儿媳、好邻居等评选活动，增强乡风文明的体验感。发挥帮扶单位执法部门优势，深入开展群众性普法宣传教育，推进法治乡村、平安乡村建设。加强森林防火工作，通过广播、宣传标语、横幅及发放森林防火责任书等方式开展防火宣传，增强村民的生态文明意识。

聚焦民生建设美丽乡村

近年来，皈塘村全村上下，聚焦民生福祉，紧紧围绕美丽乡村工作重点，以改善农村人居环境为突破口，大力实施美丽乡村建设民生工程，切实增强群众幸福感、获得感、满意度。

认真抓好脱贫攻坚工作。着力推进村贫困户30户84人脱贫工作，解决11个村民小组饮水问题，完成危房改造9户、加固维修5户、幸福工程1户，确保贫困户“八有”政策全面落实。做好脱贫攻坚与乡村振兴衔接工作，落实防止返贫动态监测和帮扶机制，重点监测就业和产业帮扶情况。深化“我为群众办实事”实践活动，针对性开展帮扶困难户活动，守牢不发生规模性返贫底线。

加强基础建设。推进农村人居环境综合整治和新农村建设规划。投入320万元，建设总长800米的河堤，打造融合生态廊道、绿水青山、田园风光、乡土文化、防灾减灾等功能为一体的综合项目。硬化森林公园800米人行路道，提升了公园的通达性和美观性。投入3万元，支持3个村民小组初步开通总长17千米的道路路面，并积极向上级申请资金进行硬化，确保每个村民小组通水泥路。修建皈塘桥，重新加宽2座桥梁，消除通行安全隐患。

做好环境卫生整治。充分利用乡村振兴“三清三拆三整治”资源，在落实“门前三包”的基础上，聘请保洁员，着重解决仍存在的一些脏、乱、差及各村民小组生活垃圾问题，不断改善人居环境。协调配合新建村级卫生站1所，建设村小组公厕9所，协助开展污水处理整治工作，为建设生态宜居美丽乡村打下坚实的基础。

谋划“红色村”照明工程。皈塘从村出镇途经其他4个行政村，有7千米道路未安装路灯，山村道路狭窄曲折，特别是夜晚路黑，出行危险，严重影响当地的发展和村民的生产生活。经帮扶单位黄埔海关引荐，畈塘村积极联系广东狮子会多次到村实地调研，后续又与多个服务队积极沟通，介绍当地情况和迫切需求，在驻镇工作队、爱心团体、当地乡贤、村干部等多方力量的帮助下，引进并安装总价值28.4万元的200盏路灯，一举解决了困扰村民多年的7千米道路照明问题。

（作者：陈继耿，黄埔海关；李松田，畈塘村党总支）

南雄市水口镇水口村

水口村位于南雄市水口镇中心，处于宝江水汇入浈江处，县道338、342线东西蜿蜒横贯全村，距离南雄市区21千米。水口村始建于南宋时期，因浈江水上游之昌水西注至该地，与宝江水（泷头水）交汇，村庄处于两水交汇处旁，故名水口。因地理位置优越、气候适宜，水口村素有水秀、村古、林美之美誉。舞火龙、火狮、火凤、火虾也称“水口香火龙”，是水口村闹元宵的传统习俗，延续至今已有130多年的历史，属于韶关市非物质文化遗产，以其独特的造型，充分体现民间艺术文化的精髓，是岭南文化重要的组成部分。

水口村下辖30个村民小组，户籍人口1075户3743人。全村以丘陵地形为主，总面积6.1平方千米，其中耕地面积约6067亩，林地面积约16065亩，园地面积约225亩，鱼塘水面约637亩，种植黄烟、水稻、花生等农作物，发展杉、松等经济林木。全村设党总支1个，党支部3个，共有党员89名。

水口村是原省定相对贫困村，在东莞市常平镇人民政府与韶关市医学院的共同帮扶下，2022年村集体经济收入达到39.34万元。先后获得“广东省文化与旅游特色村”“韶关市先进基层党组织”“韶关市卫生村”“南雄市先进基层党总支部”“南雄市十项十大文明示范镇村”“南雄市关心下一代工作先进集体”等荣誉称号。2017年被广东省委组织部列为党建示范工程“红色村”。

红色简史

打响水口战役　南雄人民群众支持红军取得战役胜利

水口村属于革命老区村，是土地革命战争时期著名的苏区保卫战——水口战役的发生地。

1931年9月，中央苏区红军粉碎了国民党向中央根据地发动的第三次“围剿”。不甘失败的蒋介石利诱广东军阀陈济棠调动粤军入赣“助剿”，准备再次发动对中央苏区的大规模军事“围剿”。

1932年5月中旬，国民党粤军乘中央红军实行东、西路分兵之机，侵入赣南，对中央苏区构成严重威胁。6月初，针对敌人的进攻态势，中共临时中央

◆水口战役战场旧址（南雄市史志办公室　供图）

发出军事训令，要求红军“解决入赣粤敌”。

6月中旬，中共苏区中央局在长汀召开会议。会后，恢复了红军第一方面军的番号，取消了东路军和西路军的名称。红一方面军仍辖一、三、五军团，朱德兼任方面军总司令，叶剑英和王稼祥分别兼任参谋长和政治部主任。毛泽东仍以“政府主席”名义在前方“主持大计”，随红一军团行动。

6月下旬，红一、五军团从闽西到达赣南，接到红一方面军制定的战斗部署：由信丰南部进窥南雄，使敌人误以为红军要取韶关甚至广州，诱使各路粤军回援南雄，红一、五军团，十二军及江西独立第三、六师分别协同配合，相机在运动中于南雄附近给粤敌以最大打击。

红一、五军团很快离开赣南，向粤北南雄进发，于6月底7月初到达了南雄乌迳一带。

7月1日下午，红三军团一部与粤军在池江附近遭遇，经短暂战斗，红军主动撤出战斗，准备集中力量于次日全歼敌人。7月2日，红三军团主力向池江4个团以上的粤军发起攻击，直到下午4时，将敌人击溃，敌军退守大余。7月3日，红一军团一部击溃粤军1个团，控制了位于粤赣边的梅关要隘。7月4日至5日，红三军团连续攻打大余城未下，便撤离到城外附近地区，牵制粤军。国民党粤军由韶关兼程赶赴南雄，企图与北面的国民党军合击红军。

历经池江、梅岭关、大余三次战斗后，毛泽东与红一方面军首长决定集中红一、三、五3个军团，截断入赣粤军退路，在南雄消灭由南雄出动和进抵乌迳之粤军。

7月8日上午，红五军团向水口篛过方向截击。下午1时，与国民党粤军张枚新第四师4个团接触，经激战约3个小时，将粤军2个团击溃并追击至水口圩附近。7月9日下午，粤军援军6个团陆续进抵水口战场，至此粤军增至10个团，以优势兵力向水口西南面的红三军猛扑，红三军指战员凭借有利条件，以机枪封锁敌人进攻的必经之路——大部桥，英勇顽强地阻击敌人。两军在大部桥上上演了激烈的争夺战，最终红军迫使敌人始终未能跨过桥面一步。同时在水口圩阵地上，红五军团军团长董振堂亲自指挥和率领四五千名战士，手持大刀冲向敌阵，同敌展开肉搏，浴血奋战。6时许，陈毅率领的红军独立第三、第六师到达，稳住战局。彭德怀率领的红三军团先头部队也快速向水口进发。

毛泽东率领红一军团和红十二军星夜疾驰，于7月10日拂晓占领了水口圩附近的制高点、大部桥的北侧高地——晥岸寨，在晥岸寨上设立红一方面军临时指挥部。毛泽东、朱德等听取了红五军团领导人董振堂、萧劲光关于战场情况的汇报。毛泽东在晥岸寨居高临下察看了敌军阵地，随即作出作战部署：一军团增援红三军，十二军增援在北岸作战的十三军。上午11时，红军向粤军发起总攻。在红军战士勇猛的进攻下，粤军终于不支，一路向南雄城溃退，这场历时三天两夜的战役以红军的胜利而结束。粤军遭此打击，全部退出赣南根据地，以后很长时间不敢轻举妄动，使中央苏区的南翼得到安宁，更为中央红军集中兵力实施北线作战解除了后顾之忧。

当年参加指挥这次战斗的聂荣臻回忆道：“双方伤亡之大，战场景象之惨烈，为第二次国内革命战争时期所罕见。尸横遍野，对于这次战斗来说，并不是过甚其词。有的部队白天打仗，夜间还要在该地露营，许多同志疲劳过甚，倒头便睡，第二天拂晓才发现是和尸体露宿在一起了。有的同志夜间口渴，摸到河沟去喝水，觉得有一股血腥味，第二天拂晓一看，河沟里的水泛着红色。”在水口战役中，敌我双方出动的兵力近40000人。红军先后参战的有红五军团第三军、第十三军，红一军团第十五军，还有闽西军区红十二军及江西独立第三师、第六师共约19000人，另外加上在外围作战的红军，合计约22000人。水口战役共击溃粤军余汉谋部15个团，毙伤敌人近3000人，红军伤亡2000多人。

水口战役是土地革命战争时期中央红军在广东境内组织进行的规模最大、参战人数最多的一场战役，是一场历时最久、歼敌最多、影响最大的保卫中央苏区的兵团大战。毛泽东、朱德、彭德怀、陈毅等老一辈无产阶级革命家都参加了水口战役。中央军委原副主席张震将军在水口战役期间曾驻守梅关。1999年4月，张震将军重访南雄水口战役遗址，指出：“以后介绍水口战役时，一定要加上这样一句话：我党大部分老一辈无产阶级革命家参加了水口战役。”2018年6月，当年参加水口战役的开国少将、百岁将军杨永松亲笔题词：“苏区南雄，红色热土；保卫苏区，水口战役。”据统计，参加水口战役后在1955—1965年间被授予或晋升军衔的将帅共有385名，其中：元帅7名，大将6名，上将14名，中将44名，少将314名。

红五军团红十三军三十八师政委刘型的女儿刘松柏，在一篇题为《为什么解放战争中解放军越打越多》的文章中写道：父亲在水口战役中，紧急时刻喊着“跟我来”，带领同志们首先冲过河去，从而取得渡河胜利。了解了水口战斗，我惊讶了，原来贪生怕死的国民党雇佣军的士兵，怎么在半年多的时间里，马上就变成了不怕牺牲、英勇善战的红军战士了呢？在战斗中，红军将领喊的是“跟我来”，率领着部队冲锋陷阵，而国民党的军官喊着“给我上”，拿枪督促着士兵向前冲。正是这种“跟我来”的精神力量，让红军战士一往无前、奋勇杀敌，取得了最终的胜利。

水口战役期间，中共南雄县委发动和组织广大人民群众给予红军大力支持。中共南雄县委在全县组织担架队，有担架900多副，全部交给红一方面军兵站，并帮助建立了一条从战场直达中央苏区的伤员运输线，派出青壮年组成救护队，参加救护工作。发动群众给红军筹粮筹款、腾房子、搭渡桥，南雄游击队积极配合红军作战，承担侦察、带路等重要任务，动员油山镇上朔村几百名村民上前线挑子弹、行李和抬担架，抢救伤员。其中舍命救红军、一块银圆、提前割稻送红军等故事一直流传至今。

舍命救红军的邓过房狗

邓过房狗，男，生于1889年，水口村邓屋人。邓过房狗家有祖传的烫伤、刀伤、枪伤、铁打损伤等秘方，他的哥哥邓世良经常免费为村里的群众医治烫伤、刀伤、铁打损伤。

在水口战役结束后的第二天傍晚，水口村邓屋人邓过房狗在赶牛回自家牛栏时，隐约听到牛栏对面的竹窝岭（现水口战役纪念公园正对面的山岭）传来“救命呀！我受伤了，我们的同志走了”。听到“同志”二字，邓过房狗知道发出求救声的是红军战士。当时，他想马上跑到山上救红军战士，但是怕被人发现留下隐患。当晚，他向家人讲述了自己听到红军战士求救声的经过，家人表示红军是穷苦人的部队，一定要把红军战士救下。全家决定在第二天黎明，由邓过房狗到竹窝岭找受伤的红军战士，找到后将红军战士带回家。

第二天凌晨，邓过房狗悄悄从家里出发，摸黑蹚过村前一米多深的小河，穿过一片水稻田，爬上荆棘丛生的竹窝岭。到了竹窝岭红军战士发出求救声附近后，他用不太标准的普通话低声呼唤：“同志，我来救您啦，您在哪里？”很快，他找到了受伤的红军战士。

这时，邓过房狗发现红军战士腿部受伤，无法行走。于是，他小心翼翼地背起受伤的红军战士。虽然竹窝岭离邓过房狗家的直线距离还不到1千米，但中间隔了一片稻田，还有一条小河，加上受伤的红军战士藏在半山腰的荆棘丛中，离山脚下的田间小道有二三百米的陡坡，所以背着受伤的红军战士下山，需要特别小心，否则容易使红军战士受到二次伤害。邓过房狗背着红军战士慢慢下山，来到山脚下，休息片刻后，继续背着红军战士走小路，穿过稻田，终于来到了村前的小河边。

再次休息片刻后，邓过房狗背着红军过河。为了防止红军战士伤口在过河时被河水浸泡发生感染，他用自己的衣物包扎好红军战士的伤口后，背着红军战士尽量在浅水处通过。一到家，邓过房狗的哥哥邓世良立即为红军战士检查伤情，发现红军战士的腿部没有伤到大动脉，于是马上为红军战士清洗伤口、上药。

因红军战士的伤势在短时间内无法痊愈，邓过房狗担心红军战士长住家里被人发现，于是，邓过房狗决定将红军战士转移到自家牛栏的楼上养伤，每天利用放牛的机会悄悄为红军战士换药、送饭。邓家的家传秘方疗效明显，经过邓过房狗一家的悉心照顾，红军战士的伤口一天比一天好转。

红军战士在养伤的过程中，日夜思念组织。半个月后，红军战士已基本痊愈，他坚持要离开邓家，北上找红军部队。邓氏兄弟极力挽留无果后，考虑到红军战士伤口还未完全痊愈，而且不熟悉道路，决定由邓过房狗护送红军战士去找部队。邓过房狗带着红军战士走了两天两夜，终于在乌迳找到了红军部队。邓过房狗与红军战士惜别时，红军战士将一件带血的衣服和一条毛巾送给了邓过房狗，并对邓过房狗说："救命之恩永世难忘。请把我的衣物留着，革命胜利后，我回来找您。"

红军战士离开后，邓过房狗救治、护送红军的消息，还是被狡猾的敌人知道了。这年8月的一天，敌人秘密把邓过房狗抓到南亩区公所审问，要他说出受伤红军战士的姓名、职务和去向等。邓过房狗始终守口如瓶。气急败坏的敌人连刺邓过房狗六刀，把他当场刺死，家人将邓过房狗的遗体抬回水口，安葬在水口石坳。邓过房狗牺牲时年仅43岁。

一块银圆的故事

在水口村许多村民家中，至今还珍藏着一块银圆。水口战役刚刚结束时，为了鼓舞士气，中央苏区中央局决定在水口圩召开红军大会。水口圩的老百姓接到信息后，擦窗户扫院子，买鱼买肉忙做饭，全村敲锣打鼓放鞭炮迎接红军的到来。

红军战士们一进到村里，村民们就拽着战士们的衣袖，盛情邀请红军战士到家中吃饭。可是红军有纪律，没有命令，谁也不能吃老百姓家的饭。到了晚上，村民们又极力请红军战士们进屋睡。可是红军的纪律要求不能打扰乡亲，所以战士们都是和衣睡在了街道两边的屋檐下、鹅卵石铺成的巷道上或者外边的草地上，没有一个战士违反纪律。

70多岁的邓大娘看见受伤的小红军睡在潮湿的地上，心疼不已。她轻轻推了推小红军的手背说："孩子，你的伤还没有好，快到大娘屋里睡吧。"

小红军伤员连忙摆手，说："谢谢大娘，不用了不用了。红军有纪律，不能进屋打扰乡亲们。"邓大娘苦口婆心，多番劝说，小红军就是不肯入屋。邓大娘心疼小红军，她思来想去，有了主意：干脆让老伴把自家的大门板拆下来，拿去给受伤的红军战士当床板睡。水口圩的群众和商户们见了，纷纷效仿，个个都将自己家的竹床、大门板或店面门板拆卸下来，抬去给红军战士们当床板。

大会结束以后，中央苏区中央局决定红军部队继续北上。第二天天还没亮，红军战士们就起床了，他们把老百姓拆卸下来的门板、竹床擦拭干净，再悄悄将门板安装好，把竹床放到院子里。然后，部队悄悄地踏上了北上征途。

等到阳光从云缝里钻出来的时候，打开大门的邓大娘才发现红军早就走了。这时，经营粮油店的李老板发现门板下压着一块银圆，还发现门板上贴着一张纸，纸上写着一行字："老板，谢谢你拆下门板给我们当床睡。因为我们大意将门板压坏了，按照红军的纪律赔你一块银圆，请收下。"李老板看完字条，再去检查门板，这才发现中间腐朽的两节竹钉断开了，门板裂开手指宽的一条缝隙。他自言自语道："就裂开这么两支竹钉，让木匠换过就行了，怎么也要不了一块银圆啊？红军不愧是劳苦大众的军队，纪律就是严明！"不久，不少村民也在自家附近或者菜地发现红军留下的银圆，那是红军拿了村民的东西，因部队一早开拔来不及当面付钱而留下的。大家都想将银圆还给红军，可是红军已经走了，到哪儿去追呢？就这样，水口村的村民家里都有了一块来自红军的银圆。

发展现状

水口村紧紧抓住被列为省级“红色村”的机遇，结合开展脱贫攻坚和乡村振兴工作，坚持党建引领，千方百计推动全村各项事业向前发展。

传承水口战役精神　创新基层党组织建设

水口村在“我是党员跟我上”的革命精神感召下，着力加强党的基层组织建设，着力把基层党组织建设成为宣传党的主张、贯彻党的决定、领导基层治理、团结动员群众、推动改革发展的坚强战斗堡垒。

以建设“红色村”为契机，积极打造集公共服务、办公场所、活动场所、服务群众场所为一体的党建阵地。2019年9月，投入534万元新建了水口村党总支大楼。党总支大楼建筑面积约800平方米，一楼配套完善1个公共服务中心、1个众创空间（电子商务培育孵化、创业基地）、人大代表联络工作站、贫困户联络室；二楼设置党员政治生活活动室、会议室、党员联系群众会议室；三楼设置1间水口村党史、村史暨红色家史展览馆、党员学习园地（书吧、新时代文明实践站）。建有小运动场、小公园和村民活动中心等休闲娱乐场所，依托已建成的水口村文体综合广场和村级公园，打造1个党建主题公园。加强建设、修缮水口支部阵地——新时代文明实践站，新建大坑、塘胜支部阵地，新设立3个村民小组党群服务室，建设水口、大坑、塘胜村民活动中心，为开展各类党建活动、群团活动等提供了多功能场所。

坚持把基层党建融入村民自治全过程。落实村各类组织向村党组织报告工作制度、“三个在先”机制（党组织优化设置在先、党组织决策在先、党员作用发挥在先）和村级重大事项决策“四议两公开”制度，强化村级党

◆水口战役陈列（邓荣玉　摄）

组织对村民小组、村民理事会等的领导、管理和监督，巩固基层党组织的核心领导地位。实施党员“设岗定责”，贯彻落实“提升党建引领基层治理效能”的部署要求，持续推进三级网格党建引领基层治理模式，即“行政村党组织—村小组—党员”网格化体系，把水口村党员落实到各网格点，实施党建引领党员包户责任制，让党员在乡村振兴、政策宣传、产业发展、村务监督等工作中发挥先锋模范作用，切实解决农村的困难事、群众的烦心事。

建立“113”党建+红色志愿服务工作制度。即打造“1”个龙头品牌，用好“1”个创新载体，组建党员先锋模范、巾帼妇女、青年团员“3”支共42人的志愿服务队伍。通过党组织引领，促进党群关系进一步和谐，切实提升基层党组织的组织力、凝聚力、战斗力，持续深入巩固基层党组织战斗堡垒作用。

创新开展“四个一”组织生活。即开展“发送一张政治生日卡、重温一次入党誓词、开展一次谈心谈话、办一件民生实事”等特色主题党日活动，唤醒党员入党时的初心，强化党员的党性意识、责任意识、身份意识、宗旨意识，激发党员干事创业的积极性、主动性和创造性。获得2018年度韶关市党建创新案例奖。村党总支大力推动“青苗工程”党组织后备干部和“镇选村培”后备党员的发展工作，将18名年富力强、综合素质较高的人才充实到

"青苗工程"人才库，将24名政治觉悟高、综合能力强的人才补充到"村选镇培"人才库，培养"敢当先锋，敢打头阵"的党员干部队伍。

续创韶关市文明村。开展"讲文明·树新风"新时代文明实践活动，组织党员、群众倡导文明健康生活方式，赋能乡村全面振兴。创新村民自治机制，完善村规民约，持续推进乡村振兴积分制工作，对党员、网格员、群众开展分类积分管理工作，实施党员"精准择岗"及"党员评星定级"工程，设置党员先锋岗。深化文明实践活动，开展积分评比活动，选树一批"好媳妇""好婆婆""文明幸福家庭""星级文明户"等先进典型，示范带动整村乡风文明提升，推动新时代乡村有效治理。依托"妇女之家"平台，开展关爱留守儿童读书活动，开展"为爱起航，陪伴成长"家庭教育主题活动，为留守儿童赠送文具和书籍，关爱留守儿童。

建设纪念设施　发展红色文旅

2012年至2022年，水口村集体经济收入从5.5万元到39.34万元，村集体经济收入成倍式增长的很大原因得益于其用好红色资源。1995年5月，南雄市人民政府在水口战役纪念公园建立纪念碑，纪念公园后方矗立一座红军战士雕像，雕像座台正面刻有中央军委原副主席张震将军题词："水口战役英勇牺牲的红军烈士永垂不朽。"为还原、展现水口战役的丰功伟绩、历史意义，丰富革命传统教育和爱国主义教育载体，水口镇人民政府于2018年开始在水口战役纪念公园兴建南雄市博物馆水口分馆，设置水口战役陈列，并在水口战役胜利88周年之际——2020年10月正式对外开放。自开放以来，该馆已成为各机关单位、社会团体、人民群众开展党员教育活动的场所，累计接待团体超1000个，达16万多人次。

在位于水口村、打石湖村的水口战役牺牲红军战士掩埋地旧址，建设打石湖纪念公园，项目占地面积约1.33公顷，建筑面积5200平方米，分两期建设，第一期投入70万元已完工。计划投资8000万元推进长征国家文化公园（南雄段）水口战役遗址群保护利用项目，对水口战役公园、水口战役主战场旧址、大部桥、打石湖纪念公园、篛过村等重要红色革命遗址遗迹进行改扩建和修缮保护，并建设红军路游览线路，完善道路指示和形象标识，开展周边环境整治工作等。

用好用活水口战役纪念公园、大部桥等红色资源，讲好红色故事，大力发展红色旅游、研学旅游、乡村旅游、康养旅游等新业态，打响红色文旅品牌，增强红色文旅产业发展动力。通过发展红色文旅吸引带动贫困户有效参与就业，实现增收致富。同时，挖掘当地特色农产品、红色文化产品，打造有特色、价格优、质量优的“水口品牌”，不断壮大村集体的经济收入。

在乡村振兴驻镇帮镇扶村工作队的推动下，水口村积极加入由水口镇委、镇政府牵头，全镇13个村经济合作联社和1个社区共同入股注册成立的南雄市富村农业发展有限公司（以下简称“富村公司”）。水口村党总支书记作为股东代表参与公司运营管理，将发展业务利润的30%作为村集体的奖励。富村公司通过抱团模式，活化利用水口镇本土资源，推出优质产品，规划革命传统教育、党性锤炼、生态旅游等红色研学路线，充分用好红色资源，盘活农村闲置资源，促进产业融合发展。水口村积极发挥水口战役“我是党员跟我上”的精神，2021年创新性领办“红星食堂”，提供水口、南雄特色美食，以独特的方式呈现水口战役中的感人故事，让消费者体验红军生活，感受先辈精神，回忆历史。富村公司依托水口战役纪念公园、打石湖遗址、腾讯未来运动场、红星食堂等场地设施，开发红色研学精品路线，主动承接广东省、韶关市等有关机关单位党日主题活动。制定个性化方案，为开

◆改造后的水口圩（邓荣玉　摄）

展教育培训、文旅、团建等活动提供落地服务，让参与者深入学习水口战役主题文化知识，身临其境追寻红色记忆，缅怀先烈，提高水口战役知名度、影响力。

富村公司充分发挥自媒体传播速度快的特点，利用水口镇搭建的“水韵红土”公众号、抖音等销售推广平台，定期发布微信视频、推文、抖音动态等，利用网上商城发布新产品，推动线上消费，发展电商运营。“水口香火龙”、红色研学、团建等活动视频，获得线上粉丝支持。在直播带货销售农特产品的同时，对外推广水口红色文旅项目。通过收取讲解费、报告厅租赁费、活动费和扩宽餐饮收入等，不断发展水口红色经济。

截至2022年底，红星食堂餐费营业额达23.72万元。2020年至2023年6月底，接待到水口镇开展党史学习教育、红色研学的社会团体约1630场，接待游客超16.2万人次。截至2023年6月，承接多场节日活动、团建活动、党建活动，累计营业额15万元。

建设新农村　美化人居环境

从2017年开始，水口村借助“红色村”党建示范村的创建工作，注重结合开展党建促扶贫、基础设施完善、村庄美化等工作。水口镇人民政府投入资金约400万元，对水口村委会至水口战役纪念公园后门、水口中学至水口战役纪念公园前门的道路进行拓宽化、硬底化、黑底化，对人行道铺设环保透水砖，规划交通标线。投入1750万元推进“139+”美丽圩镇建设项目，协调城乡一体供水项目，使水口圩面貌焕然一新。该项目主要内容包括圩镇主干道风貌提升、临街民房外立面统一风格、线缆与高压电线整治、水口战役纪念公园提升、水口农贸市场、门户标识、象征红色水口精神的主题路灯、雨污管网堵塞、“六乱”问题等进行专项整治提升。该项目针对水口农贸市场存在的照明度低、摊位不足、市场秩序混乱等问题进行改造。经过重新装修，农贸市场得到全面升级，灯光明亮舒适、摊位划分整齐、地面清爽干净。市场内采用标牌指引蔬菜、肉类、海鲜、水果等摊位，让顾客按需精准定位，享受一站式购物体验。美丽圩镇建成后，新道路宽阔整洁，路面的耐磨性和美观度得到提升，改善了群众的出行条件，从源头上解决交通堵车问题，散步和娱乐的群众对比以往明显增多，圩镇公共服务能力得到提升。

规范农村住房建设和管理，完善农村住房建设管理机制，严格落实建房符合“一户一宅”政策。严防严控新增“两违”落实建房先审批后建设程序，对农村乱占耕地建房增量问题“零容忍”。积极开展“六乱”整治工作，加强对辖区内乡村保洁及“四边”存量垃圾整治，完善村级保洁体系和长效机制建设，建立健全施工工地建筑垃圾处理机制，解决农村建筑垃圾乱堆、乱倒问题。2019年，在水口村党总支的带领下，村干部同村民们一起进一步拆除破旧泥砖房，清理农村生活垃圾、村内沟渠污水、畜禽养殖粪污及农业生产废弃物，打扫小公园、文体广场等公共场所，确保村前巷尾清洁有序，房前屋后干净整洁，美化亮化人居环境，高标准完成上级要求的“三清三拆三整治”工作。持续推进农村厕所整改，着力提升村容村貌，建立农村保洁长效运行管护机制，定期组织党员、村“两委”干部、村民小组长、群众等开展人居环境整治专项行动，共同建设红色美丽家园。

结合人居环境整治与美丽乡村建设，打造具有鲜明红色元素的社会主义新农村。将水口村的大张、祠堂、岭排等25个村民小组建设成简洁、实用，并具有鲜明红色文化的赣南风格新农村，提升整体红色文化氛围，重点打造以叶屋为中心的红色文化传承街区，建成1个红色公园。为方便群众生活，7千米220盏红色元素路灯已全面投入使用，为黄坑、矮岭、长水桥等8个村民小组安装自来水，水口村地段污水管网铺设及对户接入工作已于2023年7月开始施工。

梳理整合镇村服务项目和内容，将村级组织能够承接的公共服务事项全部整合在综合服务大厅中提供服务，通过“粤智助”政府服务自助机，实行“一站式”服务、“一门式”办理，把党群服务中心打造成为党领导基层治理的坚强阵地和服务党员群众的温馨家园。整合“雪亮工程”等项目设施设备建设智慧乡村治理平台，在村主要路口及信号塔等重点区域加装高清摄像头22个，建立公共信息大数据平台，实时掌握村辖区内国土违建、林火监测、安全生产、河道管理、环境保护、特殊人员关注等基层治理重难点问题。通过高效的线上智能管理，实现基层治理快速反应，提升乡村治理精准化、精细化水平和基层治理效能，有效解决群众安全感满意度“最后一公里”的问题。

推动乡村振兴　壮大“红色村”收益

与红色旅游业相得益彰的是水口村的乡村振兴工作取得明显成效。2022

◆ 水口小学腾讯未来运动场

年，依托乡村振兴驻镇帮镇扶村工作队（以下简称“工作队”），发挥韶关市委组织部、韶关市教育局、粤北第二人民医院等帮扶单位的优势，加速提升水口镇公共服务能力水平，推进水口镇教育优质发展。投入超70万元对水口中心小学足球场、篮球场进行改造提升——建成水口小学腾讯未来运动场。工作队向水口中小学、幼儿园捐赠近4万元，用于购买体育运动器材、图书；帮助联系名师名校资源，“走出去，引进来”，开展学习交流活动，促进教师教育教学理念更新与水平提升；开展“金秋助学”项目，为水口镇72名就读高中以上的脱贫户学生发放助学金共计8.7万元。2023年5月，由富村公司承办的水口镇“党建引领助推高质量发展，凝心聚力共促乡村振兴”全民运动会在水口小学腾讯未来运动场举行。

2019年，争取发展壮大村级集体经济示范项目50万元和驻韶部队投入扶贫资金11万元，在水口望天洞打造0.67公顷大棚蔬菜种植基地。2023年，玉米大棚种植项目产量5000多斤。依托强镇富村公司和工作队力量，与宝地广东集团签订“订单式”农业合作协议。通过富村公司平台，“线上+线下”模式实现产销一体化服务，解决销售难题，为村集体经济增加收入约2万元。水口村党总支部通过注入扶贫资金50万元，与水口镇利群农庄共建13.33公顷“三华李”种植基地，并将其融入水口镇千亩“三华李”农业+观光旅游大产业中，以点带面促进村产业规模化发展，每年为村集体经济增收3.6万元。2022年，水口村烟叶种植面积超过千亩，黄烟种植合同面积85.47公顷，2023年合同面积超过113.34公顷。

工作队争取相关部门支持，在水口村大坑片建设新型烟叶烘烤房20间，缓解烤烟房紧缺的问题，提升烟叶烘烤质量。此外，水口村已建成220公顷高标准基本农田水利设施，新建高标准三面光工程11千米及机耕路4.5千米，建成麻谷坑水泥硬化道路1千米和打石湖、关山、黄坑、叶屋、老桥头水泥硬化道路3.5千米，建设5座机耕桥，加固大张、下山塘、大坑、新山塘塘坝，开展陂头、涵洞等三面光工程的维修和清淤等工作，为进一步壮大大棚蔬菜、三华李、黄烟等特色产业提供了有利条件。

（作者：邓荣玉，南雄市水口镇政府）

南雄市珠玑镇灵潭村

灵潭村地处南雄市珠玑镇中北部，位于南粤古驿道——梅关古道上，距离南雄市区约16千米。灵潭村村庄得名，一是源于浈江河源头之一的梅岭水流经灵潭盘古庙后侧，与横江河交汇，形成夹河口，并冲积成潭。二是源于古时村民到盘古庙求神拜佛前，都要先到旁边河潭里洗干净手脚，以示虔诚。传说，在此潭水清洗后求神拜佛都特别灵验，人们因此都称之为灵潭。灵潭村由此而得名。灵潭村是历代军事要塞，是唐朝以来梅关古道上的一个重要驿站、街墟商市，是中原通往岭南的必经之地，有闻名遐迩的灵潭街、灵潭铺。

灵潭村下辖11个村民小组，共575户2184人。全村总面积7.94平方千米，其中耕地1430亩，林地9859亩。整村以种植水稻和黄烟、生产腐竹、发展旅游产业为主。全村设党总支1个，党支部4个，党员52名。

灵潭村是革命老区村、原省定相对贫困村，2016年开始由广东省纪委定点帮扶，2022年村集体年收入达到136.7万元，由落后的贫困村蝶变为全省美丽乡村示范村。先后获得“全国乡村旅游重点村”“中国美丽休闲乡村”“广东省首批国家森林乡村”“广东省十大美丽乡村”和“广东省文化和旅游特色村”“广东省卫生村”“广东省首批国家森林乡村”等殊荣。作为广东省抓党建促脱贫攻坚现场会、南雄市“中国农民丰收节”暨生态农业博览会的现场参观点，于2023年7月被命名为中共南雄市委党校珠玑分校。2017年灵潭村被广东省委组织部列为党建示范工程“红色村”示范点。

红色简史

南雄县农民暴动的策源地

1928年2月12日，中共南雄县委在灵潭鸳鸯围秘密召开紧急会议，传达贯彻中共中央八七会议精神，并根据中共广东省委关于“南雄等县应极力发展暴动”和北江特委关于“必须号召群众爆发大规模暴动，深入开展土地革命，形成像海陆丰一样的割据局面”的指示，决定于2月13日在全县举行武装大暴动。2月13日晚，按原定计划，全县各地都在当晚8时举行武装暴动，受尽剥削和压迫的广大农民纷纷拿起枪支、长矛、大刀、梭镖、土铳等武器，攻打各处税场、乡公所、区公所、厘金税卡，革命烈火席卷南雄大地，参加人数最多时达3万多人。这次暴动，共摧毁18处厘金税卡，歼灭顽抗的税场人员24名、土豪劣绅30多名，缴获枪支20多支，沉重打击了国民党在南雄的反动统治。中共广东省委对南雄暴动给予了高度评价：“暴动人数之多与区域之广，在全省各地中不很多见。”

红军驻扎休整地

1932年7月，彭德怀率红三军团主力从江西大余赶到南雄参加水口战役。战役结束后，红三军团一部曾在灵潭恒丰村驻扎休整。在恒丰村一排房舍的后壁上，红军宣传员用红漆写下一条标语，内容是：“欢迎白军士兵过来当红军！”总长33.5米，每字方大1.2米×1.3米。在灵潭街一排房舍的后壁上，红军宣传员也写下一条标语，内容是：“南雄革命群众暴动起来收缴反动武装！”总长11米，每字方大0.4米×0.6米。

◆灵潭村红色雕像

烈士钟蛟蟠的故乡

钟蛟蟠（1899—1939），南雄市珠玑镇灵潭村人，革命烈士。他毕业于广东国民大学。学生时期，他经常看一些进步书籍，接受革命思想，参加进步学生运动。早期他积极参加农民运动，1926年，在南雄县农民协会筹备处任宣传委员兼秘书。1927年春，加入中国共产党，在北江农民自卫军军政学校接受训练。年底，参加广州起义。起义失败后，潜回南雄从事秘密活动。1928年2月，参与组织和领导农民暴动，建立县苏维埃政府，被选为县苏维埃政府委员。7月，在油山开展游击战争。1929年1月底，朱德、毛泽东率红四军进入南雄，在乌迳黄木岭宿营，离宿营地5里处，有三路国民党政府军队，企图围歼红军部队。这一情况，被中共南雄县委派出去侦察的游击队干部钟蛟蟠得知，县委领导当即连夜向毛泽东、朱德报告。红四军得悉情况，立即经官门楼、界址向江西省信丰县转移。红四军转移约30分钟后，敌人包围了黄木岭。事后，毛泽东多次谈到这件事，说是一个地方党支部、一个人、一封信救了我们党，救了整个红军。朱德对此事记忆犹新，在《朱德传》中回忆道："到了乌迳，天也要黑了，都很疲倦了，就讲讲话，开开会，就都在平坝子上露营了。可是当时敌人却来了，正在晚上九点钟。我们丝毫不晓得，还（以）为敌人也十分疲乏，休息整理，准备进攻。就在这时，这里地方党支部派出去的侦探把这消息带来了。我们即刻惊起，出发，连号都没吹。因为是冬天露营，所以说走就走了。这一次红军的命运那是极端危险的了。如果没有地方党的支部，那一下就会被敌人搞垮了。"后来组织上评价说："这是钟（蛟蟠）同志在斗争的经历上，比较显著的一件不可磨灭的功绩。"1930年4月，红四军整编南雄、大余、信丰、南康等县游击队，钟蛟蟠被任命为红军二十六纵队政治处宣传科科长。1932年7月，参加南雄水口战役，带领侦察排立了不少战功。后参加粉碎敌人第四次"围剿"。1934年10月，参加二万五千里长征。到达陕北后，任红一军团政治部宣传科科长。1937年抗日战争全面爆发，任八路军一一五师独立团宣传科科长。8月下旬，东渡黄河。9月25日，参加平型关战役。此后，接连参加独立团攻克河北涞源，山西广灵、灵丘和察南蔚县战斗，先后担任过涞源、广灵、灵丘县的临时县长，在这几县建立起抗日民主政权。11月任晋察冀军区第一支队宣传科科长。1939年1月，任晋察冀军区政治部宣传部副部长。1939年9月8日，钟蛟蟠去延安汇报工作，遭遇日军飞机轰炸，不幸中弹牺牲，时年40岁。1939

◆灵潭鸳鸯围（南雄市史志办公室　供图）

年9月25日出版的《八路军军政杂志》刊登了肖向荣（1955年被授予中将军衔）写的《钟蛟蟠同志略历》一文，称赞他是共产党优秀党员、八路军优秀干部。

在土地革命战争时期和抗日战争时期，灵潭村有25位英勇牺牲的烈士。为了弘扬革命精神，传承红色基因，将灵潭村的光荣革命传统发扬光大，灵潭村建设了农民暴动策源地馆、钟蛟蟠事迹馆、珠玑革命历史展陈、红色雕像广场等，与灵潭鸳鸯围——南雄县农民暴动策源地遗址、灵潭村红军题壁标语、钟蛟蟠烈士故居等革命遗址，一起打造成红色教育基地。在新时代，灵潭村民发扬红色精神，书写灵潭新篇章。

发展现状

近几年来，灵潭村树立强烈的发展意识，充分发挥党建工作优势，红色资源优势，帮扶资源优势，一心一意谋发展，聚精会神抓落实，村里发生翻天覆地的大变化，成为远近闻名的“红色村”。

党建引领激活组织“新引擎”

灵潭村党总支紧密围绕“广宣讲、听民意、谋发展、保安全”开展党建工作，探索出一条党建引领促乡村振兴的新路径，把党的领导覆盖到各个领域，支部战斗堡垒作用和党员先锋模范作用大幅增强。

灵潭村从加强党支部建设这个“牛鼻子”入手，优化党组织的设置。通过选优配强班子，新一届村“两委”干部平均年龄比上一届下降5岁。在成熟的村民小组新成立党支部6个，并以村企共建的方式成立村企党支部1个。借助村内红色资源开展党员教育培训。实行党员“评星定级”积分制管理“精准择岗”管理，科学设置政策宣传岗、生产发展岗、结对帮扶岗等7个岗位，供党员自主认领，使党员主动投入网格化工作中，发挥先锋模范作用，带领群众开展新农村建设、常态化保洁等工作。推行镇领导班子下沉到村民小组、村“两委”干部下沉到农户的抓党建促乡村振兴服务基层联系群众的下沉工作机制，通过干部常态化开展遍访村、组、户行动，将工作重心下移、资源下投、力量下沉，帮助基层解决实际问题，全面推动乡村振兴。

科学谋划绘就发展“新蓝图”

近年来，灵潭村主动融入珠玑镇“一核，两轴，两区”和“南融、东拓，北联、西控”的发展布局，围绕乡村振兴“生活美、环境美、乡风美”三个重点集中发力，村容村貌焕然一新。

推动红色旅游高质量发展实施规划。突出体现“一村一品、一村一韵”，找准原中央苏区县红色革命老区村发展定位，将农村基层党组织建设与保护利用红色资源紧密结合起来，突出“一心”“三带”“多点”总体规划，即以突出党群服务中心工作重点，依托红色研学、生态科普、古驿文化特色“三带”，抓牢灵潭乡村振兴讲习所、灵潭古驿站（民宿）、灵潭村史馆等多点联动的“红色研学乡村旅游综合体”项目总体规划，打造各具特色的美丽乡村示范村品牌。

◆美丽新灵潭

突出文旅资源深度融合发展规划。在灵潭文化传承和创意设计上实现提升，探索精准营销，避免盲目跟风和高端复制，打造出以灵潭“寄心小院”“网红小火车”和红色灵潭（五彩农田）等为代表的现象级打卡点，并将本土的丝苗米、菜籽油、蜂蜜等土特产融入文旅活动中，结合蘑菇园、腐竹厂、养牛场等地方产业开发文创与体验项目，通过旅游带动乡村全产业链发展，给农民带来直接经济效益，增添灵潭旅游多样化和个性化，促进乡村旅游转型升级。

推进美丽乡村建设整合资源统筹规划。集中发力做强村集体经济，引进多方群体共同参与建设，探索构建“租金+薪金+股金”产业扶贫利益联结机制，并成立了村集体公司——济福生态农业有限公司，由公司整合帮扶资金、村集体收入和流转土地、村民入股资金，通过参股、合资、合作等方式，建立腐竹生产、光伏发电项目、乡村特色旅游、新型农业生产与服务四

大产业链，发展壮大村集体经济。切实发挥村委会主体作用，充分调动村民积极参与美丽乡村建设，把精准扶贫的成效及成果巩固好、拓展好、发展好，与乡村振兴更好地有效衔接。

担当作为开创产业发展“新格局”

灵潭村立足本地实际，以产业发展为抓手，深挖自身特色，将自然资源、农业资源、文化资源有机结合，因地制宜发展特色产业，实现绿水青山与金山银山的双赢。

做大做强灵潭腐竹特色产业。灵潭村与广东省供销社下属企业（天润集团）合作创办灵潭腐竹厂，注册“灵潭村”商标（商标涵盖三大类30个农副产品），由天润集团负责生产、经营、销售，传承发扬灵潭腐竹400年制作技艺。将灵潭腐竹打造为“一村一品”特色产业，建立以腐竹厂为龙头的“公司+行业协会+农户”发展模式，成立灵潭村腐竹行业协会。通过规范产品标准、帮助农户作坊提升改造、支持有腐竹制作手艺的农户开设手工作坊，联合农户共同采购黄豆降低成本、对农户生产腐竹实行保底回购等方式，实现公司与农户共同发展、互利共赢，辐射带动全村腐竹产业发展壮大。

发展乡村旅游和红色教育研学。灵潭村积极拓展产业空间，用好用活灵潭村红色资源，通过优化整合资源、融入全域旅游。依托鸳鸯围等“红色文化”特色，结合党建引领乡村振兴示范片建设与长征国家文化公园（南雄段）建设，将乡村振兴讲习所打造成南岭干部学院南雄现场教学点，打造灵潭旅游的“红色IP”。将灵潭村打造为南雄乡村旅游和红色教育研学基地，让红色研学、红色旅游与乡村振兴相得益彰。

探索一、二、三产业融合发展。灵潭村先后部署了寄心小院（民宿）、灵潭驿站、五彩稻田、农田花卉与采摘项目，并结合蘑菇园、腐竹厂等地方产业开发文创与体验项目，发展集农业休闲、田园竞技、亲子活动、农耕体验、田园观光于一体的农文旅项目。通过旅游促进农业产业链延伸、价值链提升、增收链拓宽，有效推动一、二、三产业融合发展，带动农民增收致富、农村发展、农业升级。

整治攻坚打造乡村“新面貌”

灵潭村全力推进生态环境治理，坚决打好大气、水、土壤污染防治三大攻坚战，坚定不移地落实“多网合一”网格化管理机制，引进北控城市服务有限公司对村内生活垃圾开展保洁清运工作，实现生活垃圾常态化清理、市场化运作。

全力推进生态环境治理。灵潭村按照防治结合、标本兼治、综合施策的原则，强化依法治污、科学治污、精准治污，坚持方向不变、力度不减，巩固污染防治攻坚战成果，重点推进了污水处理、垃圾处理和农村环境综合整治工作，建立健全农村排污监管机制，严格监管饮用水源、水库等生态敏感区域周边村庄污水排放，规范养殖户、农户等排污行为。

落实“多网合一”网格化工作。严格执行“全面覆盖、层层履职、网格到底、责任到人”的三级网格化监管体系。深入开展移动源污染防治，加强联防联控，大力开展环境综合治理，着力提升环境综合治理质量，进一步改善人居环境。

大力推进农村人居环境整治。加大环境卫生整治力度，全面改善村容村貌。开展生活垃圾保洁清运，与北控公司签订协议，常态化清理、市场化运作，实现生活垃圾日产日清，密闭储存清运，密闭清运率达到100%，生活垃圾和粪便无害化处理率达98%。广泛开展“四小园”建设和清洁环境行动，实现所有生活垃圾处理设施全覆盖和稳定运行。通过以上措施成功塑造了村庄环境优美、生态良好、庭院美化、村容整洁的新面貌。

“三治”发力开创社会治理“新模式”

在社会治理工作方面，灵潭村始终坚持以“走在前列、勇当尖子”的标准，积极主动作为，先行先试，创新探索“三治”（自治、德治、法治）相融合的具有珠玑特色、时代特征的基层社会治理新模式，着力创建社会治理品牌，打造共建共治共享社会治理格局的“村级样板”，努力让村民群众的获得感成色更足、幸福感更可持续、安全感更有保障。

突出自治强基，凝聚基层社会治理“向心力”。因地制宜制定村规民约，灵潭村根据实际将国家政策方针、法律法规、“讲文明、树新风”、村风民俗、传统道德等内容纳入村规民约中，邀请驻村法律顾问进行审查，并通过组织召开村民大会，审议通过制定村规民约，不断强化村规民约“立规矩、强约束”的作用。并通过建立村级党群理事会监督落实村规民约的执行，对村内的产业发展、村庄治理、乡村振兴、三清三拆等事项，牵头组织，共同治理，进而实现村民自我管理、自我教育、自我服务。

重视德治教化，打出基层社会治理“关键牌”。灵潭村拥有丰富的红色资源和民俗文化资源，充分发挥本村红色文化、民俗文化的特有优势，制定了《“三个一”德治教化实施方案》，广泛开展好“一堂课、一出戏、一个节”，通过开展大榕树讲堂、姓氏文化讲堂等活动，将党的政策、法律法规、惠民政策、姓氏文化、红色文化传播到群众之中，以送教下乡这种接地气的方式促进家风、乡风、民风“三风”转变，引导基层社会治理向良性发展。

强化法治建设，筑牢基层社会治理“压舱石”。为巩固法治建设中坚力量，灵潭村深入实施农村“法律明白人”培养工程，精心培育了1支7人的“法律明白人”队伍，巧妙地将“三个下沉”与“法治宣传”工作相结合，充分利用“法治课堂”“法治文化书角”“法治宣传栏”等法治宣传阵地，充分发挥党员干部的模范带头作用，利用夜间、寒暑假期、闲暇时期，组织在家的村民到法治宣传阵地广泛开展法治活动，坚持政策宣讲与法治教育一体推进，深入推动习近平新时代中国特色社会主义思想、乡村振兴各项政策、宪法等法律法规等各类知识在乡村落地生根，通过对群众思想的转变，实现群众由社会治理的“旁观者”到“参与者”的角色转变。

因地制宜培育文明“新乡风”

灵潭村聚焦“文明幸福家庭积分评比”，创新运用积分制，通过量化定分、积分评比等方式塑形铸魂、共享文明，大力推进乡村文明行动，焕发乡风文明新气象，展现移风易俗新面貌，积极探索乡村文明新风尚。立足乡村实际、紧贴群众生活，因地制宜制定完善积分细则。广泛开展入户调研，将文明幸福家庭积分项目细化成5大类47小项，并设置正向积分、逆向扣分、一票否决等类别，确保积分项目操作性强、可落地。适时组织召开村民代表大会，广泛征求村民意见建议，同时充分融入乡风文明、村规民约等镇村中心工作指标，使积分细则更贴近群众生产生活、更接地气。全面梳理评比工作流程，设置村民自评、镇村干部初评、村务监督员最后复评等环节，评比结果经审核无误后公示，最大限度保证评比流程透明、公平、公正。通过“评比”活动，灵潭村累计向村民发放价值3万元的积分券，初步形成积攒文明“分”促进文明“风”的社会风气。

多措并举加强宣传推广，引导村民自发参与积分评比，全面激活基层治理的主动性和积极性。镇村干部带头学懂弄通评比规则，利用“民情夜访”和“三个下沉”等工作机制，召开村民会议、家长会等，一对一向群众宣传解读积分政策和评比程序。依托微信、大喇叭、LED显示屏等平台载体，通过组织入户、派发宣传资料、现场讲解等多种方式，定时定期向群众宣传宣讲积分制，做到家喻户晓。利用寒暑假时间，组织在读返乡大学生走村入户进行宣传，最大限度地争取村民的理解和支持。把人居环境整治纳入评比加分项，激发村民建设美丽乡村内生动力。灵潭村参与人居环境整治群众达3000余人次，整治卫生死角37处、清理房前屋后杂草垃圾52点、拆除破旧泥砖瓦房上千平方米，通过奖补政策整治裸露农房63套，制止乱搭乱建等行为31宗。

改革创新促进共同富裕

灵潭村立足本地实际，勇于开拓创新，以运营思维聚焦破解共同富裕普遍性难题，创造“灵潭模式”，不断发展壮大村集体经济，带动村民增收致富，助力乡村振兴。

开展市场化改革，创办村集体公司。灵潭村探索建立以“政经分离”为核心的乡村经济发展新模式，通过由村委会出资创办村集体公司（南雄市济福生态农业有限公司），发展了光伏电站、烤烟房、农机服务队、农家乐等产业，公司统领全村产业发展和集体资产运营管理，通过村企共建新模式，提升产业发展的市场化、专业化、精细化水平，充分激发村民内生动力，实现集体资产保值增值。

引入联合运营，实现资产资源价值化。政府、乡村、企业三者齐心协力，不断开发小体量、轻资产农旅项目模式，共推灵潭农文旅项目落地。由当地政府提供政策引导，为本地全域旅游提供政策、税收、租金等优惠条件，引入联合运营企业控股负责运营决策，盘活乡村农业与文化资源，注入文旅产业投资、开发、运营，村集体则以房屋租金折价40%入股，每年获得固定分红，同时项目公司优先聘用本地村民，农户们可参与公司订单农业，帮助村民增收致富。

坚持改革为民导向，建立健全村集体收益使用分配制度。通过开展全村产业分红，使发展成果惠及全体村民，严格执行《规范济福生态农业有限公司运营管理的若干规定（试行）》，管好用好扶贫资产，管理好党群服务中心、村内道路水渠等扶贫形成的固定资产，维护好光伏发电、农用机械等具有收益的扶贫资产。同时保障资产收益规范使用，重点用于项目运营管护、巩固拓展脱贫攻坚成果、设置公益性岗位、发展村级公益事业等项目，确保资金用到刀刃上。

（作者：钟淑君，南雄市珠玑镇政府）

南雄市油山镇上朔村

上朔村，位于南雄市东北部粤赣交界油山南麓，在油山镇大塘圩东北部约1千米处，距离南雄市区30多千米。在汉朝时有土著瑶人散居上朔村。始祖于后唐天成年间从江西庐陵吉水沙溪迁来，为纪念沙溪祖地之名，加上村边东西方有河流，取名朔溪村，后改上朔村。到五代后梁时期，以“千家村、百家姓”之称享誉南雄。上朔村历经千年不衰，现有9姓928户3615人。自古有诗礼传家、崇文尚武传统，先后有多人考取进士，贡生、秀才达百名之多，古今将军2名。

上朔村下辖村民小组26个，自然村2个。全村总面积约8.46平方千米。耕地面积3022亩，主要种植水稻、黄烟、花生等农作物。全村设党总支1个，党支部2个，党员70名。上朔村2016年被评为广东省古村落，2019年被评为中国第五批传统村落，还被评为“韶关市卫生村”。

上朔村是南雄著名的革命老区和红色苏区，是大革命时期和土地革命战争时期南雄革命运动的中心和根据地，也是水口战役的后勤保障基地和中央红军长征的宿营地。在革命战争年代中，上朔村村民积极支持中国共产党的武装斗争，涌现出了一大批革命志士，其中就有最早的中共南雄县委书记彭显模和南雄市唯一一位开国将军彭显伦。2018年7月，上朔村被中共韶关市委组织部列为党建示范工程“红色村”，2022年1月，被中组部列为开展组织振兴建设红色美丽乡村试点村。

红色简史

南雄农民运动先锋

1925年，上朔村进步青年学生彭显模在广州就读，并积极在广州农民运动讲习所学习。同年9月，学习回来后，他与省立南雄中学就读的同村进步青年彭显善及彭显伦一道，在上朔村彭氏十房祠堂（现上朔人民会堂），组织召开村民大会，在全县率先成立农民协会——朔溪乡农民协会，农民协会办公地点设在彭氏十房祠堂。朔溪乡农民协会开展冬修水利、兴资办学、设义仓、济贫民等活动，并提出“打倒土豪劣绅，打倒贪官污吏，打倒苛捐杂税”，宣传发动开展武装斗争。

1926年，根据南雄党组织指示，在朔溪乡农民协会的基础上，上朔村组建了一支100多人的农民自卫军，上朔村农民自卫军集会地点也设在彭氏十房祠堂。后来，上朔村农民自卫军先后攻打国民党反动政府梅关厘局设在夹河口、新田圩、大塘圩等地的关卡据点，打响了南雄农民武装斗争的第一枪。

1927年“四一二”反革命政变后，彭显模等人再次接受南雄党组织指派，到海陆丰学习农民运动经验。学习回来后，于农历十月底召开南雄各地农民协会负责人会议，研究开展革命工作。12月1日，中共南雄县委成立，彭显模任县委书记，彭显伦任县委委员，并组织领导诱杀南雄县团防局局长卢焜的行动。

1928年2月，彭显模、彭显伦等人组织上朔村村民投身南雄全县农民暴动。2月18日，中共南雄县委在黄坑圩召开万人大会，成立南雄县苏维埃政府，曾昭秀任主席，彭显模任委员。大会宣布南雄农民自卫军改为南雄赤卫队，作为南雄县苏维埃政府的武装力量。南雄县苏维埃政府办公地点设在上朔洋楼（彭家大院碉楼）。

新生的南雄县苏维埃政府在中共南雄县委的领导下，立即在全县开展轰轰烈烈的土地革命，组织开展“平仓”“平田”运动，打倒土豪劣绅，对地主老财进行封仓焚契、分田分地。随后，又组织南雄赤卫队，主动出击，在梅岭灵潭、珠玑祇芫阻击近千人的反动清乡团，将暴动引向深入。由于敌我力量悬殊太大，新生的南雄县苏维埃政府又缺少枪支弹药，难以抗击装备精良的反动派清乡团。为保存实力，以便在全县组织开展更大规模的武装斗争，南雄赤卫队果断撤退。

国民党南雄反动政府对南雄县苏维埃政府恨之入骨。3月13日，国民党反动派陈学顺亲自指挥一四〇团，纠集地方反动民团，共2000多人，在反动伪乡长谢伯英带领下，荷枪实弹、气势汹汹地向上朔村南雄县苏维埃政府反扑。

上朔村村民与南雄赤卫队一道迎击敌人。经过一天的激战，南雄赤卫队终因缺枪少弹而失败。国民党反动派实行屠村政策，到处疯狂喊叫“屋要过火、树要脱皮、人要过刀”，实行“见人就杀、见物就抢、见屋就烧”的“三光政策”。国民党反动派所到之处鸡犬不留、寸草不生。整个村庄尸横遍野，血流成河，100多名赤卫队员在战斗中被捕被杀，40多名革命群众壮烈

◆上朔人民会堂（南雄市史志办公室　供图）

牺牲，全村三四千人被迫逃离家乡。村里的大火连烧了一个多月，全村几百间房屋全部化为灰烬。1000多亩农田青苗被割，一些水圳水坝和山塘被毁，被抢被牵耕牛230多头，生猪300多头，勒索花红数万元。半年后，国民党反动派才撤离。

上朔洋楼和彭氏十房祠堂，在此次劫难中被烧毁。1968年，上朔村人民自力更生，在旧址修建了全县村一级最大的会场——上朔人民会堂，作为上朔大队办公场所和村民大会场所。

支援水口战役

水口战役期间，上朔村成为红军的后勤保障基地。1932年7月初，水口战役前夕，毛泽东、朱德率红一方面军主力从江西进入南雄境内，寻机给粤军以最大打击。红军在运动中，曾辗转油山地区，并在上朔村短暂驻扎。红军在上朔村内祠堂和村民的房舍中借住，毛泽东曾借住在村民雷礼湖家，朱德借住在村民彭忠妹家。

为配合水口战役，中共南雄县委将群众基础较好、觉悟较高的上朔村作为战役后方，提供后勤保障。战斗期间，动员和组织400多名上朔村村民，与游击队员一道共700多人去水口支援红军。村民积极响应，有的拿出衣物，有的捐粮油、鸡鸭，还有的杀猪、宰牛，他们推着独轮车子，挑着担子，步行十几里，到水口前线慰问和犒劳红军战士。

看到红军伤员无处安身，村民们又用门板作担架，将18名受伤红军战士抬回上朔村，给予细心照顾，让红军伤员静心疗养。为让红军伤员更好地疗伤，村民热情地送来大米、猪肉、鸡和鸡蛋，有的上山打猎、下河捕鱼，村里的郎中也采来草药为红军治伤。红军战士克服伤痛，热情教村民识字学文化，宣传革命道理，宣讲红军故事，村民深受鼓舞，不少青年当场要求参加红军。经过耐心治疗和护理，红军伤员康复归队时，与村民依依惜别。伤重不幸牺牲的红军战士，村民都以当地习俗捐出寿板让牺牲的红军战士入土为安。

红军标语

1929年至1934年，中央红军多次进出上朔村。红军在上朔期间，帮助村民做农活、做家务活，教小孩子唱歌、识字，并在上朔村内屋舍的墙壁上写下许多革命标语，给农民宣传革命道理，发动群众参加红军。

红军宣传员在上朔村天爵祠大厅左侧墙壁就留下了《共产党十大政纲》革命标语。《共产党十大政纲》为1928年6月召开的中国共产党第六次全国代表大会制定并通过的文件。标语原先被白墙粉粉刷覆盖，后经过专业清理，显露出较清晰的字迹，录文如下：

共产党十大政纲

（一）推翻帝国主义的统治！

（二）没收外国资本的企业和银行！

（三）统一中国，承认民族自决权！

（四）推翻军阀国民党的政府！

（五）建立工农兵代表会议苏维埃政府！

（六）实行八小时工作制，增加工资、失业救济与社会保险等！

（七）没收一切地主阶级的土地归农民！

（八）改善士兵生活，分配士兵土地和工作！

（九）取消一切军阀政府地方的捐税，实行统一的累进税！

（十）联合世界无产阶级和苏联！

标语占壁高2米，宽2.3米，墨水书写。红军宣传员在天爵祠的内走廊墙壁上也写有标语，于1991年12月被南雄县人民政府公布为南雄县文物保护单位，并将内走廊墙壁上的标语揭取保存到南雄市博物馆。

红军在徐屋祠堂写下了《当红军歌》，这是在南雄留下的唯一一首有曲谱、有歌词、完整的红军歌。歌曲占壁高1.5米，宽1.4米，墨水书写，青砖墙。在歌曲下方另有书写红军标语，部分字迹模糊难以辨认。《当红军歌》录文如下：

当红军歌

当兵就要当红军，处处工农来欢迎。
官长士兵饷一样，没有人来压迫人。
当兵就要当红军，帮助工农打敌人。
买办豪绅和地主，杀他一个不留情。

当兵就要当红军，退伍下来不愁贫。
会做工的有工做，会做田的有田耕。
当兵就要当红军，冲锋陷阵杀敌人。
消灭军阀和地主，民权革命快完成。

知名革命人物

上朔村是南雄红色革命的摇篮，革命历史悠久，孕育了多位革命人物，如著名烈士彭显模和开国将军彭显伦，他们的革命事迹在上朔村广为人知。

彭显模（1903—1932），南雄市油山镇上朔村人。出生于1903年，又有一说出生于1901年。彭显模青年时，就读于南雄中学和广州中学。1923年暑假期间，和曾昭秀等回到南雄组织青年学社，旨在团结进步青年学生、宣传革命。1924年秋，和曾昭秀发起组建南雄留省学生会。受海陆丰农民运动的影响，1925年8月，与同学彭显善回乡筹建南雄县最早的农会——朔溪乡农民协会。农会成立后，组织农民兴修水利，发展冬种，建义仓，办学校。1926年，彭显模加入中国共产党。1926年7月，任南雄县农民协会筹备处负责人，统一领导全县农民运动。1926年8月，任中共县南雄特别支部委员。

1927年12月1日，中共南雄县委成立，彭显模任县委书记，组织领导诱杀县团防局局长卢焜的行动。1928年2月，被选为南雄县委委员，参与领导农民暴动，建立南雄县苏维埃政府，被选为县苏维埃政府委员、第六区苏维埃政府常务委员，领导农民开展土地革命。3月17日，农民暴动失败后，率赤卫队上油山开展武装斗争。10月，南雄县委改组，被选为县委委员。

1929年4月3日，彭显模被选为赣南西河行动委员会委员。1929年11月，南雄县委书记陈召南牺牲后，彭显模接任南雄县委书记兼南雄游击大队政委，转战粤赣边区。

1930年3月下旬，毛泽东、朱德、陈毅率红四军军部和一、二、四纵队攻占大余县城，在大余召开信丰、南康、南雄三县党的负责人会议，决定成立中共西河行动委员会。3月底，彭显模参加西河各县第一次党代表大会。4月3日，正式成立中共西河行委。彭显模在这次党代表大会和行委第一次全体会议上，分别被选为西河行委委员和常务委员。中共南雄县委归属西河行委领导。

1930年9月到1931年夏，南雄县委回归北江特委领导。南雄武装仍由赣粤边界革命军事委员会统一指挥。1930年10月，根据中央苏区指示，在油山平林恢复南雄县苏维埃政府，组建北江红军独立营，开辟从南雄到中央苏区的食盐运输线，配合中央红军反“围剿”。1931年上半年，彭显模兼任北江红军独立团政委、粤赣边界革命军事委员会军委常务委员。

1932年2月，改编南雄游击队，因持不同意见，彭显模被诬为“AB团”，2月13日被害于上犹县营前圩。中华人民共和国成立后，彭显模获得平反昭雪，被追认为烈士。

彭显伦（1895—1958），南雄市油山镇上朔村人。1925年8月，任朔溪乡农民协会筹备委员会委员，同年9月，当选为朔溪乡农民协会委员。1926年6月，加入中国共产党，同年8月，任南雄县第六区农会委员。1927年12月，中共南雄县委成立，任县委委员。1928年2月，参加南雄县农民暴动。暴动失败后，奔赴油山参加南雄游击队。1930年2月，在江西南康参加中国工农红军，先后曾任红四军政治部组织科科长、军需处科长、军医处政治委员。1932年2月，参加水口战役。1932年11月，任红三军第九师供给处主任。1933年8月，任红四军第一师二团供应处主任。

彭显伦参加了中央苏区第一次至第五次反“围剿”和中央红军长征，1935年8月，任红一方面军第一军团供给部出纳科科长。1936年8月，任红一军团供给部出纳科科长。1937年8月，任八路军第一一五师供给部出纳科科长，参加平型关战役。

1939年初，随八路军第一一五师一部进入山东，任第一一五师供给部政治委员。1940年4月，任山东军区供给部政治委员。1943年3月，任山东滨海军区后勤部政治委员。1945年，任新四军兼山东军区后勤部副部长兼供给部政治委员、华东军区供给部政治委员，领导组织所属部队筹粮筹款、开荒生产、开办工厂，保障了部队供给。1947年在国民党军队重点进攻山东时，带领部分人员坚持在五莲山地区活动，保护了军需物资和工厂设备的安全。1949年4月，任山东军区供给部政治委员。

1951年3月，任山东军区后勤部政治委员。1955年9月，被授予中国人民解放军少将军衔。彭显伦曾获二级八一勋章、一级独立自由勋章、一级解放勋章。1958年5月1日，在青岛病逝，时年63岁。

彭显伦的一生，是革命的一生，光辉的一生，清廉的一生。1950年春，彭显伦轻装简从地回乡探亲。有人认为他管钱管物，要求他拿些钱给家乡和他家中使用。彭显伦耐心进行解释说：“我手头上是有钱的，有很多钱，用铁箱子装好锁起来。但是这些钱不是我的，是公家的，一个铜板都不能乱用。”彭显伦从农民到将军，参加革命30多年，大部分时间是做部队的后勤工作，掌管不少物资，但他忠于党、忠于人民、忠于革命事业，始终清正廉洁，永葆本色，从不利用工作之便为自己谋好处，利用权力谋私利，为后人留下了宝贵的精神财富和优良传统。

上朔村民积极支持革命，为革命事业作出了积极贡献。

发展现状

上朔村发扬光荣的革命传统，为村里的经济社会发展注入了强大动力，让上朔村真正变成组织振兴、乡风文明、村貌美丽的“红色村”。

以组织建设为基础　探索乡村治理新模式

上朔村聚焦乡村振兴的难点、痛点、堵点，以阵地建设为保障，提高村党群服务中心服务能力。将5名村“两委”干部网格化，实行包片区域遍访农户，推动干部下沉找“症结”解民忧顺民心。设立乡村振兴人才驿站联络点，梳理服务项目和内容，结合智能线上办理，实现“一门式一网式”服务。2022年，村党群服务中心组织开展疫苗接种“敲门行动”300人次、“送苗上门”500人次、“攀登油山　锤炼精气神”活动60人次、农村养老保险“生存认证业务上门服务”150人次，实现干部多跑腿，群众少跑腿。

以党建为引领，以积分制管理为抓手，充分发挥基层党组织战斗堡垒作用、党员干部示范带动作用、村民自治组织基础作用、村规民约德治教化作用，推进农村面貌改善，不断繁荣乡村文化事业，深化乡村平安建设，为乡村全面振兴注入了新动能、激发了新活力。

深入实施乡风文明活动，大力开展文明村创建行动。上朔作为油山镇文明幸福家庭积分试点村，实行以“文明积分”奖补方案兑出文明乡风，制定《上朔村文明幸福家庭积分制细则》选取167户试点户数、印制167份积分卡进行奖兑。搭建“村民通”平台，建立村民微信交流群，由村“两委”干部加强微信群管理，及时将乡贤的先进事迹、党员的先锋模范、群众致富的创

◆整洁宽敞的上朔村道路（黄龙英　摄）

业故事、村集体获得的荣誉等情况通过“村民通”平台进行宣传，进一步增强村民的凝聚力和荣誉感，从而激发村民以主人翁姿态参与到村内各项事务中来，推动红色美丽乡村建设。

活化红色资源　传承红色基因

上朔村作为广东省韶关市红军过粤北长征历史步道示范段（南雄段）建设项目的主阵地，被纳入国家“十四五”时期文化保护传承利用工程项目储备库名单。上朔村通过修缮革命遗址活化红色资源，让红色基因得到传承。

保护红色“富矿”，让红色资源“活”起来。上朔村共有省级红色革命遗址8处，通过积极争取上级项目、资金、技术支持，对年久失修、破损的红色革命遗址进行开发、修缮、保护。上朔村争取投资1.24亿元，对长征历史步道主线47千米进行修复提升，建设长征驿站、长征训练营、旅游公厕、文化景观节点、标识标志系统等配套设施，修复提升彭显伦将军故居、彭显模故居、红军题壁歌谣《当红军歌》等红色革命遗址。此外，还向南雄市文广旅体局争取到2个红色革命遗址的维护修缮工程项目，一个是上朔人民会堂——

朔溪乡农民协会旧址维护项目（50万元），另一个是上朔彭氏祠堂——红军长征宿营地旧址修缮工程（279万元）。

串联红色“遗珠”，让红色资源“联”起来。上朔村依托丰富的红色遗迹，将各红色文化景点串珠成线，以此发展以“爱国和革命教育”为主题的教育培训产业，打造没有围墙的红色文化生态圈。上朔作为重走长征路（南雄段）的“始发站”，在2022年南雄市开展的“改革攻坚规范治理·担当作为年”活动中，成为广大党员干部传承红色基因、锤炼党性修养、强化使命担当、进行红色教育的首选地。2022年上朔村共接待参加红色教育学习的党员干部50余批次、700余人次。

讲好红色故事，让红色资源“动”起来。上朔村规范上墙制度，将红色文化嵌入便民服务站、党员活动室、宣传长廊等场所，让党员群众随时随地了解上朔村的红色故事，讲好红色故事，传承好红色基因。《当红军歌》薪火相传80余载，已编入油山中小学、幼儿园教材，并由一支约10人的老年红歌队进行传唱。

提升人居环境　增强村民幸福感

2018年，上朔村的道路还比较坑洼，破旧房屋还比较多，村庄脏乱差现象还比较严重，村里的基础设施还不是很完善。只有完善好基础设施建设，提升公共服务水平，才能让老百姓真切感受到自己的家乡在向好的方向变化。

新一轮新农村建设启动以来，上朔村加强了基础设施完善力度，修缮了上朔人民会堂，对村内主要道路进行水泥硬化，在全村安装170盏路灯，自来水通水实现全覆盖，投放垃圾桶40个，并聘请4名专职保洁员，建设1个小广场，设有篮球场1个、标准停车位31个。从外地务工回来的村民看到村里的变化震惊不已，其中村民彭大海表示：“环境改善非常明显，过去大街上都是泥土，下雨时到处积水，现在修通了下水道，再也不会有积水了。以前晚上没有路灯，天一暗就回家，天亮才出来，压根儿没有什么夜生活，现在有了路灯，我们吃完饭就可以到处串门聊天。”他还说：“新建了小广场，晚上可以和邻居出来跳广场舞，感觉生活质量提高了。我们也要保持街道的清洁，爱护好绿植。”

上朔村对村里所有排水口摸查一遍，确定污水处理方案。新建设一体化污水处理设施5个、人工湿地污水处理设施4个，分布在村边缘，既不影响村民生活，又处理了污水，一举两得。现在村民逢人就介绍，以前村里没有污水处理终端设备，排污水能力差，特别是有一年遭遇一场大雨，污水流到井里，村里很多人喝了井水因此得病。现在有了统一处理污水的设备，我们再也不用担心下暴雨了。看到村里越来越漂亮，更加干净整洁，真是开心极了。

经过调研和讨论，上朔村决定以突出红色底色为牵引，制订整村规划，推动全村发展。在保留原有的农林用地、水塘、河湖的基础上，因地制宜建设小规模公共服务设施、商业服务设施与公共场地。着重在村内红色资源所组成的道路轴线上建设公共服务设施，构建丰富而宜游的乡村线路。例如，利用上朔人民会堂聚集人群的特点，设置村民活动中心；利用闲置的历史建筑空间，设置文化馆；利用破损传统建筑所围成的特定空间，设置红色文化活动体验的场地；等等。其中，上朔老城西部、南部住宅用地规划改为红色战役观光区与古城红色商业区。上朔北城西部住宅用地规划改为红色教育区，其西边农地规划改为红色体验农场。村内西部水系东岸原是农林用地与住宅用地，现依托村口古榕树广场、将军纪念广场、各种公共服务设施以及门户的优越位置建设滨水公园、广场公共空间。

加强农田水利建设　助力特色产业发展

上朔村农田面积4300多亩，灌溉水源有大源水系和孔江水系两大水源。其中大源水系利用占比70%，约有3000亩，经过东线渠引水至上朔，全线6750米，前期三面光建设2000米，剩余渠道年久失修淤堵与渗漏严重，致使村内老城片区近2000亩农田用水紧张。为此，上朔村积极向油山镇政府申请项目，获得油山镇大源水系中型灌区续建配套与节水改造工程项目4750米建设指标，实现东线渠全线三面光建设，大大满足了农田灌溉需求。2023年，南雄市水务局审批调拨资金到上朔，建设3座灌溉电排，包括长岭排电排。通过孔江水系调水，确保老城片区尾端近千亩农田用水，基本满足村内90%以上农田灌溉用水，为上朔村发展黄烟、水稻、“三华李”、皇帝柑等特色产业奠定了坚实的基础，农户实现了稳定增收。灌溉问题解决后，上朔村民都

◆上朔村灌溉沟渠和稻田（黄龙英　摄）

说晚上睡觉都香了！再也不用担心田里的水稻缺水，再也不用深夜3点去水渠里引水了，真是感谢政府呀！

多措并举发展产业　壮大村集体经济收入

以前上朔村的集体产业少、收益低，村里想干点实事也是巧妇难为无米之炊。上朔村采取多种方式，壮大村集体经济收入。

盘活210亩闲置土地资源，发展农光互补光伏发电项目。目前该项目已经完成建设。按每亩每年产生280元收益计算，光伏发电项目每年可为村集体贡献收入5.88万元。

油山镇是南雄市烟叶种植大镇，上朔村是种烟大村，烟叶种植是当地村民的重要经济来源之一。2020年，上朔村烟叶种植面积400多亩。但仍有扩种空间，可是受限于资金、技术等问题，一些村民不敢做出扩大种植面积的决定。通过镇、村、农商银行努力，推行村委会做担保，银行提供低息专项资金贷款，镇政府提供技术支持的模式，鼓励扩种。知道可以通过低息贷款种植黄烟后，村民彭龙古激动地说："我以前种植了15亩，现在我要种植30亩，我儿子马上就要上大学，正缺钱用嘞，之前也想扩大种植面积，但又担心行情不好，迟迟不敢做决定，现在有这么好的政策，我今年一定要多种。”到2023年，上朔村烟叶种植面积稳定在600亩左右。很多村民通过种植黄烟都赚到了钱，村集体经济收入也得到大幅度提升。

1934年10月，红军长征取得入粤第一战——新田之战的胜利，彭显伦和战士们进入乌迳的新田和油山的上朔、茶田等村休整，当地村民上山采来许多银藤婆，熬煮后给战士们饮用、泡脚、洗伤口。这种在山林里随处可见的藤状植物，在当年缺医少药的长征路上，帮了红军不少忙，因此也被叫作“红军茶”。近几年，上朔村向南雄市人民政府申请非遗项目“红军茶”。“红军茶”申请南雄市非遗项目成功后，村里打算把“红军茶”做成一款包装饮料，向外面推广出去，进一步增加村民和村集体经济收入。

上朔村以油山镇推广脐橙种植为契机，于2020年3月向油山镇政府申报上浆村脐橙项目、浆田村脐橙项目，着力打造“一村一品”。申报成功后，把上级帮扶村集体经济发展资金50万元投入上浆脐橙产业发展基地，以后按每年15%的收益给村集体。

（作者：彭道贵，南雄市油山镇政府）

仁化县董塘镇安岗村

安岗村，曾用名马鞍岗、满岗，位于仁化县董塘镇西北部，距离仁化县城约16千米。北宋庆历八年（1048年），仁化谭姓始祖谭伯仓从南雄珠玑巷沙水村迁移至此，形成了一定规模的村庄聚落。因村后有两山相连，中部下凹，远看形如马鞍，故得名马鞍岗。中华人民共和国成立后，取名安岗村。全村土地总面积2.342平方千米，其中林地面积14484亩，耕地面积3629.63亩，水田面积2303.08亩。有14个村民小组，6个自然村，户籍人口662户2451人。安岗村是仁化革命的摇篮，曾留下朱德、陈毅和阮啸仙等老一辈无产阶级革命家的光辉足迹。土地革命战争时期，中共仁化县委员会第一任书记阮啸仙组织发动仁化暴动，在董塘打响了董塘阻击战、华阳寨保卫战、澌溪山游击战。安岗村思诒堂是中共仁化县第一届县委、中共安岗乡支部、安岗乡苏维埃政府的诞生地和驻地，是仁化沟通井冈山革命根据地的秘密通道之一，是仁化暴动的重要发展点，是澌溪山游击根据地和中国工农红军第四独立团的补给地。安岗人民为革命事业作出了巨大牺牲，仅新民主主义革命时期牺牲的有确切姓名可考的安岗籍烈士就有75名。村内有全国重点文物保护单位——云龙寺塔和广东省文物保护单位——思诒堂，以及华阳寨保卫战遗址、蔡卓文旧居、阮啸仙居住地旧址等红色革命遗址。安岗村有党支部1个，党员42名。2022年，村集体经济收入24.50万元。1957年，安岗村在老革命区域自然村评划中被仁化县人民政府评划为红色根据地。2017年12月，安岗村被广东省委组织部列为党建示范工程“红色村”。

红色简史

农民运动兴起

1925年，广州农讲所第三届主任、广东省农民协会常务委员阮啸仙奉命到仁化指导农民运动，与当地人廖汉忠、蔡卓文在董塘、安岗等10多个乡建立农民协会和农民自卫军。8月24日，安岗乡农民协会在安岗思诒堂成立，蔡卓文任主席。这是仁化第一个农民协会。在安岗乡农民协会影响下，至1926年秋，仁化建立区、乡农民协会30多个，农会会员9000多人。

1926年7月，仁化第五区（董塘）农民协会发动300多名农民，在董塘组织成立第五区农民自卫军大队，下辖第一、第二中队。安岗100多名农民自卫军战士编入第二中队。与此同时，第五区妇女解放协会成立，推选郑来娣为主任。

1927年4月，“四一二”反革命政变后，仁化白色恐怖极其严重。尤其是当地反动官僚和土豪劣绅趁农民自卫军北上，向革命军民反攻倒算。大批革命干部、群众被捕，敌人将他们押到仁化县城，准备公开杀害。北江工农自卫军得悉后，派出仁化、曲江、乐昌的部分工农自卫军南返，火速开往仁化。6月23日拂晓，在当地群众支持下，攻下国民党仁化县城，营救出80多名被关押的同志。

11月，朱德率领南昌起义军余部千里跋涉到赣南后，又派出第十二支队滕铁生等10人先期到达仁化董塘。滕铁生和仁化第五区农民协会执委邹耀胜接头后，在当地大力宣传贯彻党的八七会议精神，深入农村宣传发动农民，恢复农会，继续革命。

12月9日，朱德率领南昌起义军余部以国民党范石生部第十六军第四十七师第一四〇团番号进入仁化。次日，朱德率部进入董塘，在泰丰店召开第五区农民协会、农民自卫军党员干部会议。组织农会干部和农军乘夜分头出发到安岗、麻塘、石塘、历林等村逮捕土豪劣绅33人，先后押往董塘。在安岗，广泛发动群众，收缴地主几十支枪。12月11日，朱德在董塘禾坪岗召开群众大会，经过农会和群众代表审查认定，处决恶贯满盈的土豪劣绅24人。朱德部队的到来，使处于低潮的仁化农民运动又活跃起来了。

仁化暴动与董塘阻击战

1928年1月3日，朱德、陈毅率领南昌起义军余部从曲江鸡龙乡又来到仁化董塘。当晚，朱德在董塘召开仁化党组织、区农会、农军领导人会议，讨论攻打仁化县城。

次日，朱德、陈毅指挥南昌起义军余部和农军、群众500多人，一举占领仁化县城，破监救出农友三四十人，筹款2000多元，缴获枪支、弹药、物资一批，然后撤回董塘。

在董塘，朱德主持将董塘农民自卫军改编为中国工农革命军独立第四团，由刘三凤任团长，下设四个营，其中第一营是安岗乡农民自卫军，谭广泉任营长。1月5日，朱德率部离开董塘。

1月23日，时任中共广东省委委员阮啸仙和海陆丰苏维埃代表吴济遵照中共广东省委决定，来到仁化董塘安岗乡，主持仁化工作，领导仁化农民开展土地革命和武装反抗国民党反动派的斗争，计划把仁化开拓为粤北武装割据中心和“海陆丰第二”。同日，在安岗思诒堂成立中共仁化县委员会，阮啸仙任书记。

1月28日，在思诒堂举行安岗乡苏维埃政府成立大会。中国工农革命军独立第四团第一、第二营指战员和农会会员600余人参加了大会。大会选举阮啸仙为主席，蔡卓文为副主席。仁化县第一个红色政权诞生了。

1月31日，仁化历史上第一个具有坚强战斗力的基层党支部——中共安岗乡支部成立，共有党员45名，谭广泉任支部书记，张广生任副书记。阮啸仙在支部成立大会上亲自讲授党课。同日，在第五区农民自卫军大队第二中队的基础上，组建了安岗赤卫队，谭兆麟任队长。

2月4日，为便于领导和指挥全县革命武装进行暴动，阮啸仙将中国工

◆中共仁化县委第一届委员诞生地——安岗思诒堂内景（罗志平　摄）

农革命军独立第四团改编为广东工农革命军北路第八独立团（简称第八独立团），滕代顺任团长，下设三个营。

仁化的革命斗争引起敌人的仇视。2月6日，仁化各地的反动武装100余人到安岗会合，决定进攻董塘地区。一时间，董塘上空乌云密布，反革命气焰甚嚣尘上，史称仁化“六日事变”。阮啸仙沉着指挥，中共仁化县委偕第八独立团团部及第一、第二营转移至安岗一带，并重新夺回失守的董塘。2月9日，国民党仁化“清党”委员会主任谢梅生与地主民团武装互相勾结，联合进攻安岗。第八独立团立即组织还击，经过激烈战斗，击退了敌人。在战斗中，毙敌6人，伤敌10多人，缴获枪械5支；独立团牺牲1人。

2月10日，中共仁化县委主持召开第五区群众大会和其他各区、乡代表会议，建立了第五区苏维埃政府，大会选出委员13人，阮啸仙任主席，蔡卓文任副主席。同日，成立仁化县革命委员会，蔡卓文任主席。下设参谋团，指挥全县武装。

2月13日，经过充分准备，中共仁化县委、县革委指派第八独立团30多人和手持长矛、尖刀、镰刀等武器的安岗赤卫队员及革命群众500多人进攻仁化县城。敌人不堪一击，革命武装顺利攻占了仁化县城，缴获物资一批，焚烧了县公署。阮啸仙代表县革命委员会发表《革命委员会政纲》和《暴动宣言》，号召全县农民起来参加大暴动。

同时，由安岗农民自卫军组成的第八独立团第一营武装人员，连夜收复董塘，保卫了第五区农会。

2月14日，敌人疯狂反扑，董塘阻击战爆发。谢梅生纠集各地土匪、民团和地主武装500多人，分四路进攻五区董塘，妄图扼杀刚诞生不久的董塘区苏维埃政府。危急时刻，仁化县委命令第八独立团分兵迎击敌人，分别组织冲锋队，勇猛冲杀，很快把进犯之敌冲乱，迫敌溃退20余里，打死敌人7名，缴枪2支，伤敌不计其数，首战告捷。2月16日，敌人又发起进攻。第八独立团第一营在银场坪又击退谢梅生、黄阳春反动武装的进攻。2月17日，第八独立团第二营在高宅、麻塘与谭友三的反动民团激战3小时，毙敌12人，缴获长、短枪各1支，夺回粮食、物品一批。

由于国民党第十六军多次增派援军和纠集当地反动武装“围剿”董塘，为保存革命火种，仁化县委令在董塘英勇抗敌的第八独立团和赤卫队突破敌人重围，撤退到安岗华阳寨。

华阳寨保卫战

2月中旬，国民党仁化县新任县长部重魁再次纠集国民党第十六军第一三六团、第一三八团，以及谢梅生的地方反动武装2000多人，集中火力进攻安岗乡。仁化县委、县革命委员会决定迅速组织第八独立团团部及第一、二营武装力量，加上群众700余人，陆续退守华阳寨。寨内军民在阮啸仙、蔡卓文等人的领导下，打退了敌人的多次进攻。

随着敌军的持续“围剿”，寨内枪支弹药、粮食、药品越来越少，第八独立团战斗力明显减弱。为解除围困，2月28日，仁化县委决定派出阮啸仙前往韶关，请中共北江特委设法援助。2月29日深夜，阮啸仙从华阳寨突围，第八独立团团长刘三凤有条不紊地指挥部队把敌人火力引到华阳寨南面，蔡卓文和10多个身强力壮的战士，把早已准备好的绳索、箩筐系好，先让谭新铃和2位战士坐在箩筐里，从北面寨墙外慢慢放下。谭新铃等3人落地后，分头侦察，确认周围没有敌人埋伏后，协助同样坐箩筐下来的阮啸仙安全落地。按护送计划，他们取道北面高山，抄小路去往韶关。

3月1日，阮啸仙到达中共北江特委驻地，报告仁化战斗情况。中共北江特委马上研究如何进一步开展武装暴动，支援华阳寨保卫战问题。阮啸仙后因奉命到香港前往莫斯科参加中共六大，未再回仁化。

3月4日，中共广东省委向中央报告仁化暴动情形。同日，国民党反动派再次向华阳寨发起猛烈进攻，寨墙被炸出缺口，敌人从缺口进入。蔡卓文带领全寨军民沉着应战，依靠枪炮和陷阱堵住缺口，击退敌人。

3月9日，敌军又一次发起猛烈进攻，寨墙被国民党军炸塌10余丈，寨内军民英勇作战，坚守阵地。至3月12日，终因寡不敌众，地形优势被破坏，第八独立团乘夜撤出战斗。中共仁化县委率第八独立团第一、第二营余部突围，撤往澌溪山，建立澌溪山游击根据地；一部分会合第四营进守双峰寨。华阳寨战斗，农军击退了数倍敌人的多次进攻，敌死伤200多人，守寨军民牺牲17人。

6月至7月，中共六大在苏联莫斯科召开，阮啸仙出席大会。在大会上，阮啸仙就仁化农民运动作了专题报告，其经验得到大会的充分肯定。

11月25日召开的中共广东省委扩大会议，发出《纪念死难诸先烈》一文。对于华阳寨、双峰寨保卫战，给予高度评价：“仁化农民暴动后，坚守石塘寨（华阳、双峰两寨）十月，抵抗反动军队进攻，这亦是农民暴动中最伟大的战斗。”

澌溪山游击战

1928年8月，国民党第七军围攻双峰寨，同时“进剿”澌溪山游击队。

10月，中共广东省委委员欧日章受红四军前委和广东省委指派，到澌溪山指导工作。欧日章主持改选成立新的仁化县委和仁化县革命委员会，蔡卓文任县委书记、县革命委员会主席。同时将广东工农革命军北路第八独立团改编为广东工农革命军北路赤卫大队，伍牛仔任大队长，继续在澌溪山开展武装斗争。

11月，从双峰寨突围的50多名安岗赤卫队员转移到沙湾龙潭山香菇厂，住了5天后到樟树窝与澌溪山游击队会合。

同月，红四军前委毛泽东、朱德派徐敦从井冈山来到澌溪山，传达了井冈山根据地对澌溪山游击队的深切关怀，并将广东工农革命军北路赤卫大队改编为中国工农红军第四独立团，由蔡卓文、李载基等领导，徐敦指导全团工作。部队改编后，分散到湖南汝城、江西大余等地筹粮筹款，辗转于曲江等地开展游击战，继续积蓄革命力量。

至1930年春夏间，由于敌强我弱，经中国工农红军第四独立团研究决定，部分人员转入地下活动，坚持斗争，以待时机；其余大部分人员随徐敦同毛泽东、朱德领导的红四军会合，迎接新的战斗。

发展现状

安岗村有国家级文物保护单位、广东省内唯一的著名唐代砖塔云龙寺塔，省级“美丽乡村”示范点——安岗村山背组，有党员红色教育展馆及思诒堂、华阳寨保卫战遗址、阮啸仙居住地旧址、蔡卓文旧居、安岗村党员红色教育展馆、啸仙园等省级红色革命遗址。建有扶贫产业项目——安岗生态农业科技示范园区、标准化绣球生产大棚60亩，全力打造生态休闲旅游观光农业区，推动乡村振兴。近年来，安岗村先后获得“全国综合减灾示范社区”“国家森林乡村”、广东省“红色村党建工程示范点”、广东省“民主法治示范村”、广东省“乡村治理示范村”、广东省人文社会科学普及基地等荣誉称号。

◆安岗村航拍图（罗志平　摄）

◆安岗村一角（龙全明　摄）

党建引领抓队伍

建设“红色堡垒”。建立村“三重一大”事项由村党组织讨论决策在先的工作机制，强化党对村级各项工作的领导。在决策过程中，注重开展调查研究，收集掌握民情，确保科学决策、民主决策。发挥党员干部在贯彻落实村里各项中心工作中的带头作用，形成党员带着群众干的浓厚氛围。严格落实“三会一课”、主题党日等制度，不断提高支部规范化建设水平。

培育“红色头雁”。安岗村结合乡村振兴工作，认真落实“头雁”工程，推选政治素质好、热爱党的工作和农村工作、具有一定理论政策水平及组织协调能力的同志为村党组织书记，并实现村党组织书记、村委会主任、集体经济组织负责人三个“一肩挑”。结合村级班子“青苗”培养工程，推选共计7名村“两委”后备干部，其中3名直接参与安岗村委会各项工作日常分工。通过重培养、压担子等方式，压实村党组织书记后备干部及其他“两委”后备干部的培养。后备干部工作积极上进，发挥作用明显，解决了村干部后继无人的问题。

强化“红色阵地”。2018年以来，安岗村结合省级“红色村”建设工作，建成集红色文化和廉政文化展示为一体的党员红色教育展馆。同时，新建安岗村党群服务中心，完成村级办公场所升级改造，增设党建宣传长廊，完善场所布局和标识等，着力解决面积不达标、设施不配套、功能不完善等问题。按照公共服务和阵地建设规范、档案管理规范、党建基础性工作规范、民主议事规范、村级管理制度建设规范的标准，加强活动主阵地红色标识、红色元素设置，营造浓厚的红色党建工作氛围。

环境整治抓项目

拆除破旧泥砖房。2019年以来，安岗村结合汛期安全隐患排查和人居环境整治工作，开展破旧泥砖房摸排工作。至今共拆除破旧泥砖房479间16383.71平方米，为新农村建设拆出安全，腾出空间。

完成基础设施建设。完成“三线”整治，建成污水池7个，完成村内污水管网建设，实现雨污分流。由凡口铅锌矿水厂引水到户，解决安全饮水问题。村主干道全面改造提升为沥青路，村小组村道基本完成硬底化。

完善公共服务设施建设。完成村卫生站、文化室、红色乡村舞台、文化服务中心、旅游厕所、停车场等公共服务设施建设，为丰富村民文化娱乐活动夯实物质基础。完善生活垃圾集中处理体系及生活污水处理系统，每个自然村配置生活垃圾收集装置，6名专职保洁员管理全村环境卫生，及时完成垃圾清运，维持村庄环境卫生干净整洁。安装300多盏太阳能路灯，配以红星装饰，与村道旁的农田形成鲜明对比。2021年被评选为仁化县最美村道。

农旅融合抓效益

做大做强花卉种植，壮大集体经济。2018年，安岗村利用扶贫资金引进花卉种植产业扶贫项目，流转60亩土地用于花卉基地建设，发展花卉产业，开展盆栽花生产、永生花和干花加工生产、销售和花卉主题乡村休闲旅游等项目。贫困户通过土地租赁、入股分红以及务工等方式增加收入。随着花卉基地的规模扩大，500亩花卉种植基地成功申报2020年省级“一村一品”专业村建设项目。项目采取公司+家庭农场+农户+基地的模式，带动周边多个村的村民种植。通过各类花卉种植，结合鲜花销售和露天花海为主题的乡村休闲旅游观光，打造集生态型、服务型、效益型的现代农业示范基地，进一步壮大安岗村集体经济收入。

深入挖掘红色资源，发展红色旅游。开展红色革命遗址遗迹普查，掌握红色资源分布。村文物管理员定期对全国重点文物保护单位——云龙寺塔、广东省文物保护单位——思诒堂、仁化县文物保护单位——华阳寨保卫战遗址等文物开展巡查，拍照记录，及时排查消除安全隐患，切实筑牢文物安全防线。遵循“修旧如旧”原则，对思诒堂、阮啸仙原办公点、蔡卓文旧居、华阳寨保卫战遗址、党员红色教育展馆等多处红色革命遗址进行修缮维护，完成室内改陈布展。自党员红色教育展馆开馆以来，吸引超过3万人次各地党员干部和群众前来重温革命历史。开发红色旅游线路，将“一小时瞻仰”变成“一天红色文化体验旅游”，同时围绕绿色发展理念，集中种植油菜及荷花等，发展乡村休闲观光旅游，并积极引导村民参与餐饮、住宿、民俗、旅游产品等经营服务，延长红色旅游的产业链，带动农民增收致富。

基层治理抓乡风

村务决策依法规范。安岗村通过村民代表大会修订村规民约，把农村宅基地建设、绿化美化、生活垃圾收费管理、生活污水治理、人居环境整治后期管护等纳入新村规民约，并在辖区每个自然村上墙公开，提高广大村民对村规民约的知晓率和认同率，有效调动村民参与自治的积极性。落实县领导班子成员、县直单位班子成员和乡镇党政班子成员大抓基层一线工作和干部联村联户的“一线双联”制度，通过每周三走村入户，开展“民情夜访”，认真收集和协调解决村民群众反映的急难愁盼问题，推动路灯改造、村道硬底化、文体广场等一批民生实事的实施。

农村社会平安稳定。安岗村“两委”实行综治工作“一岗双责”，成立综治平安小组及“红袖章”治安联防工作领导小组，对全村实行网格化管理。全村14个村民小组划分为5个网格，配备5名网格员，网格员每天登记工作日志，入户走访排查了解各种矛盾并逐一化解，从源头上减少产生社会矛盾的隐患，增强了村民凝聚力。常态化开展扫黑除恶工作以及普法、反诈、防溺水等专题宣传工作。2020年，获韶关市“平安家庭”示范村荣誉称号。

乡风文明焕发生机。安岗村20户以上自然村全部成立村民理事会，理

◆安岗村党群服务中心（龙全明　摄）

事会成员37名。针对农村大操大办的情况，安岗村“红白”理事会充分发挥作用，大力宣传移风易俗，村“两委”干部通过包村包片入户讲解的做法宣传、引导群众摒弃陋习。通过安岗村新时代文明实践站开展丰富的新时代文明实践活动，进行理论和政策宣讲。通过每年开展“文明家庭”“星级文明户”等评选活动，树立榜样，形成“争做文明人，争创文明户”的社会风尚。

档案服务基层治理。2020年，安岗村被列为档案工作服务农村基层社会治理省级试点单位，投入近8万元建成软硬件设施标准、档案实体齐全完整的规范化村级档案室。通过优化档案分类，形成140多卷文书档案、15卷基建档案、6卷“红色村”档案、5册照片档案等档案实体，填补较早时期无档案的空白。收集整理各类编研材料11本，包括安岗自然村村情、仁化县革命斗争图片集、阮啸仙在仁化资料汇编、红色教育展馆资料汇编，叶氏、刘氏、杨氏、谭氏族谱共5本，组织沿革和大事记各1本，详细梳理安岗革命历程，突出安岗“红色村”的特色。

（作者：罗志平，仁化县董塘镇政府）

仁化县城口镇恩村

恩村位于仁化县城口镇西南方向，距仁化县城和世界自然遗产丹霞山均不到40千米。四面环山，古驿道、恩溪河穿村而过，土地肥沃，历代为湘粤兵家商贾必经之地。恩村是岭南蒙氏的发祥地，北宋元丰七年（1084年），蒙氏先祖念四公从江西于都到当地做生意，留居于当地。南宋蒙天民首开科甲，由此开启了蒙氏家族仕宦世家荣耀史，后历宋、元、明、清、民国至今，已有一千多年的历史。恩村人才辈出、冠盖连云，曾有“一门三进士，三房七祠堂”之说，相继出了蒙应龙、蒙英昴、蒙渊龙等26位进士，考进武举、岁贡、拔贡、监生、庠生、太学生等300多人。恩村被联合国教科文组织东方民俗研究会劳格文博士誉为“岭南第一世家”。恩村下辖8个村民小组，总户数382户，总人口1646人。全村土地面积3500公顷，其中，水田面积220.5公顷，林地面积2553公顷。经济发展以种养为主，其中，种植方面主要是发展柑橘种植业。2021年起，恩村由韶关市商务局挂点帮扶。2022年，村集体经济收入26.65万元。全村设党支部1个，党员37名。恩村留下了邓小平、彭德怀、李明瑞、谭甫仁等老一辈无产阶级革命家的光辉足迹。大革命时期，恩村积极投入农民运动，土地革命战争时期，恩村是红军的重要通道和补给地，1993年，被韶关市人民政府补划为革命老区，2018年7月，被韶关市委组织部列为党建示范工程“红色村”。

红色简史

红旗卷起农奴戟

1926年冬，中共仁化支部干事会成立。12月，仁化县第二区的谭甫仁参加北江农军学校第一期学习班。学习期间，他加入中国共产党。学习回来后，在中共仁化支部干事会领导下，他到城口各乡田间地头进行革命活动。谭甫仁等人的革命宣传让恩村的村民深深知道，中国共产党所做的一切都是为劳苦人民着想的，都是为劳苦民众谋利益的。大家要改变自己的命运，就必须团结起来，跟着共产党闹革命，摆脱地主豪绅的压迫和剥削，翻身解放当家做主人。

此后，恩村农会顺利成立，推举蒙永佑任主任、黄润兴任副主任，蔡胜陆、黄志明等9人任委员。会址开始设在恩村的世科祠堂，后改址到水东冲头祠堂。当时恩村、上寨、东光先后有22个自然村的贫苦农民参加农会组织。

1927年3月上旬，曲江农会的叶凤章、仁化农会的姚子召、城口农会的罗源广等农会领导人曾来到恩村召开会议，组织发动300余人参加农会运动。大家手持红旗、扛着锄头、手拿镰刀，高喊："打倒帝国主义！""打倒地主恶霸！""打倒土豪劣绅！""打倒贪官污吏！"开展了轰轰烈烈的减租减息和反对苛捐杂税运动。

在暴风骤雨般的农民运动中，恩村的地主服从农会，把粮食、田地、耕牛三大财产报给农会造册登记，并由农会掌管。共分地主田地265亩，挖田基156亩，废除地主田租契约20张，分给贫苦农民耕牛16头，减租59担。

但地主恶霸私下勾结反动军阀，对恩村农会进行疯狂反扑，把农会干部蔡胜陆捉拿到恩村警察所，要他说出所有农会干部的名字，并公开发表声明脱离农会。恩村农民自卫队奋力反抗，组织农会会员200余人，拿起火油布把警察所包围得水泄不通。敌人看到声势浩大、团结一心、义愤填膺的农会会员，胆都吓破了，很不情愿地释放了蔡胜陆，并缴罚款100大洋。

12月9日，朱德、陈毅率领南昌起义军余部800余人由湖南汝城进入广东仁化城口。经恩村时，恩村农会会员热情主动地为部队提供干粮、马料等军需物资。恩村农会会员伍牛仔还为部队引路，朱德部队经厚坑、赤石迳于12月10日日落之前到达董塘。1928年1月初，在朱德主持之下，将董塘区农民自卫军组建成中国工农革命军独立第四团，刘三凤担任团长，下设四个营，伍牛仔任第三营营长。

为做好武装暴动的准备，仁化县委根据阮啸仙的提议，2月4日在安岗召开会议，将中国工农革命军独立第四团改编为广东工农革命军北路第八独立团。10月，中共广东省委委员欧日章受省委委派到董塘澌溪山主持改选中共仁化县委，成立新的县革命委员会，选举蔡卓文任县委书记和县革委主席，刘振平等为县委常委。同时，将广东工农革命军北路第八独立团改编为广东工农革命军北路赤卫大队，伍牛仔任大队长。11月，红四军前委派遣徐敦到澌溪山游击根据地，又将广东工农革命军北路赤卫大队改编为中国工农红军第四独立团，由蔡卓文、刘振平、李载基、李立基等担任领导，徐敦指导全团工作，伍牛仔被任命为澌溪山红军游击队大队长。

伍牛仔对党忠诚、智勇双全。华阳寨保卫战中，他和谭广泉别出心裁地先在寨内新建寨墙后挖出一个四五丈长、一丈深、一丈余宽的大陷阱，在陷阱里布满锋利的竹签、铁刺，陷阱上面做好伪装。当敌人挖了一条通往寨墙的地道，用炸药炸垮寨墙蜂拥而上时，不少敌人掉进了陷阱，被扎得血肉模糊、一命呜呼。1930年2月，伍牛仔在董塘不幸被国民党反动派抓捕杀害，年仅29岁。农民运动在恩村撒下革命的火种，培养了伍牛仔等一批革命者，为后来红军几次到恩村打下了群众基础。

恩溪战斗

1930年11月，中国工农红军第七军（简称红七军）奉命北上，经桂、黔、湘、粤、赣五省边境，长驱数千里，大小战斗百余次，历尽艰难险阻，于1931年2月初，红七军部分人马在政委邓小平、总指挥李明瑞的率领下到达仁化。

此时，仁化仍在白色恐怖中。仁化反动县长何炯璋到任后，马上成立仁化县“剿共”委员会并兼任主任。何炯璋便纠集乐昌、汝城、曲江、南雄、始兴、翁源以及本地民团，配合国民党反动派正规军一个营浩浩荡荡地进入澌溪山，对红军游击队进行“围剿”。很多红军游击队员、农会干部惨遭杀害，恩村的伍牛仔也在这个时候英勇牺牲。

何炯璋得知红七军来到仁化要经过恩村时，连夜紧急调动仁化县的警队、特务队、后备队，并由他本人亲自带队，打着手电筒星夜兼程上城口恩村围堵追击红七军。身经百战的红七军行动迅猛，比何炯璋部队先行到达恩村。红七军到恩村后秋毫无犯，向老百姓宣传红军是革命的队伍，是穷人自己的队伍，是专门与反动派、与土豪劣绅作斗争的队伍。不少群众被红军的真诚所感动，为了让红军大部队尽快渡过恩溪（锦江），村民们主动使用门板为红军铺宽桥面。

同时，红七军迅速派出一支精锐的小分队，在恩村农运干部的引导下，抓到恩村土匪恶霸蒙光某，迫使他领路到城口国民党书记黄应祥部，勒令全部武装人员缴械投降，还迫使城口的土豪劣绅交钱、交粮共折合两万多元，补充红七军的军费。

当红七军正在紧张有序地快速渡江时，何炯璋带领的队伍杀气腾腾地赶到恩村，他们老远就对着红军放枪。见有敌人追来，邓小平马上指挥河边群众立刻离开躲避，李明瑞果断命令部队分开阻击敌人，并命令部队即刻转移。顷刻，子弹在红军头上、身边乱飞，战火映红了战士们被激怒的面孔。他们沿着狭窄的小木桥，往前急速前进。几名红七军战士被流弹击中，从桥上掉到河里，鲜血与滔滔的江水混在一块儿，江水变得一片殷红。李明瑞命令战士们不断加强火力压制敌人。

红七军一边阻击敌人，一边后退，很快就退到河对岸。何炯璋部队都是乌合之众，不敢与红军硬打，只是在恩溪与红军隔江枪战。何炯璋深知占不到半点便宜，于是命令队伍停止射击，偷偷撤离。

恩溪战斗之后，红七军大部队经水东、寒婆坳、土洞、张屋、上奢、响塘、牛皮洞、莲河进入了长江圩，于2月8日离开长江朝江西崇义方面进发。

彭德怀率部两次到恩村

第一次来恩村是1929年5月。彭德怀贯彻中共湘赣特委关于“向外发展，在发展中巩固苏区”的方针，率领中国工农红军第五军从井冈山来到湘南、粤北一带开展游击活动。5月20日，彭德怀部一到仁化城口，便以最快的速度占领了国民党的区政府、公安分局和商团部，缴有步枪一批、子弹3万余发，并筹到大洋3万余元。

红五军在城口驻扎了3天。其间，红五军来到恩村，纪律严明，秋毫无犯，为群众打扫卫生、挑水、劈柴、修房子，与群众关系很是融洽。在世科祠门口召开群众大会，宣传工农红军是中国共产党领导的队伍，是为人民服务的队伍，并号召群众组织起来，消灭地主武装，打土豪分田地。把没收来的粮食分给了村里的劳苦群众。还在世科祠门口帮助恩村农民自卫队开展军事训练，项目有队列步伐、瞄准射击、格斗拼刺刀、扔手榴弹等。

第二次来恩村是1932年。根据苏区中央局赣县江口会议决定，为减轻崇犹苏区的压力，求得发展，扩大苏区，4、5月间，红三军团在总指挥彭德怀、政治委员滕代远的率领下，西出崇犹苏区，进入湘南、粤北。4月27日，红三军团二师、三师5000余人，由江西崇义聂都出发，经洛洞直入仁化县长江乡的塘洞。是日中午，红三军团前锋600多人进至长江圩旁与国民党军粤军独二旅杜凤飞团第一营第一、二连以及从扶溪来增援的第二营第七连连续交战。激战至下午6时，把国民党军击败，占领长江。

红三军团占领长江后，又分兵进入扶溪、城口及董塘部分地区。4月27日，红三师一部由长江出发，经浒松、东坑占领城口；同日，红二师一部由扶溪出发，经双合水、罗洞，出水东，占领城口恩村一带。4月28日，红二师一部由恩村出发，经厚坑，出塘村，前锋占领董塘境内的赤石迳。

红军来到恩村后，大力发动群众，召开群众大会、农会座谈会，大力宣传红军的方针政策和主张、中共六大精神，响亮提出“打倒国民党政府，建立工农政府”“农民起来，打土豪分田地”等政策主张。掀起打土豪、斗恶霸、分浮财的斗争高潮，筹集物资，补充部队供给。红三军团宣传队拿着毛笔、墨水，从老百姓家借来梯子，在村里群众经常聚集的地方刷写宣传标语。观光坊门楼墙壁上的“红五月”标语共有10条。

红三军团政治部了解到中共城口特别支部组织比较涣散，于是派出工

◆恩村五马坊（恩村村委会　供图）

作团指导工作，帮助恢复仁化城口党组织，整顿胜一理发店地下交通站。经过整顿和巩固的城口地方党组织，战斗力和活动能力得到显著提高，党的秘密交通员以理发、烧炭、打铁、木匠等职业为掩护，隐蔽地开展革命工作，经常来到恩村五马坊旁摆摊，免费为村民理发和无偿地帮助村民做事。交通站成员高风亮节、为群众办事的品行，一直让恩村的老百姓津津乐道，一句“要说好不好，请你去问剃头佬”流传至今。

中央红军长征过恩村

1934年10月，中国工农红军开始长征。当红军快要经过仁化长江、城口的消息传开时，当地资本家、有钱人吓得急忙收拾金银财宝、钱币、票据、绫罗绸缎等值钱的物品，连夜乘船离开城口，到韶关、广州躲避。一些经济条件稍好的小商贩、小土豪也把家里的粮食、布匹、食盐、药品用船顺着锦江水转移到城口恩村江边的闲置房屋藏匿起来。

11月2日，红军巧夺水东桥、奇袭城口镇，占领城口重镇，突破国民党设置的第二道封锁线。主力红军在城口休整时，中央军委第二纵队的后勤人员，顺着锦江河来到恩村，发现一些看似不起眼的闲杂屋里堆满了粮食、布匹、食盐、药品以及一些生活用品。村里一蒙姓农会会员告诉红军，这些物资，是几天前城口圩好几家商铺的老板和小土豪请人偷偷搬到这里来存放的。虽然布匹、食盐和药品是红军部队非常急需的物品，但是根据红军对工商业的政策，红军战士只能保护这些物资，不能动用。

小商贩、小土豪得到红军已经发现藏匿物品的消息，他们焦急万分地赶往恩村，路上大家认为自己的物品肯定没有了。但到了恩村，看见这些脚穿草鞋、衣着褴褛、面黄肌瘦的红军并没有哄抢物资，反而在寒风中严加看护。小商贩、小土豪深受感动，纷纷主动要求为红军捐献粮食、布匹、食盐、药品。

抗日战争的后方学校

恩村是抗日战争时期广东的大后方。高大、宽敞、气派的古建筑德志祠曾是广州执信中学办学旧址。据《广州近百年教育史料》《城口镇志》等资料记载，1941年12月，太平洋战争爆发后，广州执信中学迁至韶关乐昌县。1943年，广州执信中学改为广东省立执信女子中学。1944年，乐昌沦陷，广东省立执信女子中学时任校长林宝权将学校迁至仁化恩村。在恩村德志祠办学，开办初高中部，招收学生200多人（大部分是随校生）。中华人民共和国第一代女飞行员伍竹迪曾经在德志祠就读。1945年抗日战争胜利后，广东省立执信女子中学迁回广州。

发展现状

恩村毗邻锦江河，历史悠久，文化底蕴深厚，建筑风格独特。2009年12月被广东省文联、省民间文艺家协会列为广东省第二批古村落，2014年9月被省住建厅、文化厅、财政厅公布为第一批广东省传统村落，2015年12月被韶关市爱国卫生运动委员会评为韶关市卫生村，2019年6月被住建部公布为第五批中国传统村落，2021年被评为“2018—2020年度韶关市文明村镇”。近些年，恩村经济得到长足发展。

◆恩村航拍图（城口镇政府　供图）

党建引领组织振兴促发展

恩村坚持以习近平新时代中国特色社会主义思想为指导，以“恩”字为底蕴，通过强化党建引领，推动组织振兴，进而实现高质量发展。

抓好“三个在先”。首先是优化党组织设置在先。选好配强村党组织领导班子，增强党支部的创造力、凝聚力和战斗力，首要任务是抓好“头雁工程”“青苗工程”，支部书记后备干部、村“两委”后备干部均保持不少于2名，后备干部大专以上学历占比达75%。2022年，从后备干部中补选支部委员2名，进一步优化了恩村党支部班子结构。其次是党组织领导决策在先。为巩固党在基层组织和一切工作中的领导地位，恩村党支部规范化做好“四议两公开”工作，明确凡是涉及本村经济建设和社会发展的重要事务和资金使用等事项，需由党组织召开会议，经会议研究讨论审议并经党组织公开后，方可按程序实施。第三是党员发挥带头作用在先。恩村党支部围绕乡村振兴及各项工作任务，按照网格化，设立党员责任分片岗，增强党员责任感、使命感，发挥党员的先锋模范作用，带领群众在乡村振兴工作中积极争先创优。

抓好党员教育管理。结合开展各种主题教育，贯彻落实基层组织建设三年行动计划，通过规范化开展“三会一课”、组织生活会、民主评议党员等制度，常态化开展“固定党日+”等工作，切实加强党员教育管理，教育党员“听党话，跟党走”，发挥党员在脱贫攻坚和乡村振兴中的先锋模范作用。

抓好“三级联动”。配合开展好县领导班子成员、县直单位班子成员和乡镇党政班子成员到恩村落实“一线双联”“民情夜访”活动。通过每周组织开展入户活动，拉近党员领导干部与群众之间的关系，了解民情、民忧、民需，及时解决群众遇到的问题，共同推进乡村振兴等重点工作落到实处。

农旅融合产业振兴促发展

农业产业稳步发展。恩村党支部充分发挥支部引领作用，广开思路，坚持产业带动，多措并举，促进乡村振兴。大力发展种植业和养殖业，培育“一村一品”，目前，农产品种植面积达5000亩，其中，山苍子种植面积3000亩、沙田柚和砂糖橘500多亩、贡柑150多亩。同时，积极引导村民扩大

◆恩村古村公园休闲步道（恩村村委会　供图）

辣椒、芋头、萝卜、玉米等特色蔬菜种植面积。引导种植大户成立合作社，发展芋头和玉米规模化种植近1000亩。多方联系乡贤回乡创业，引进年养殖5万只鹌鹑的养殖场、年产值近200万元畜牧业。生猪年出栏量约1.9万头，占全镇生猪出栏量的40%。兴办3家电子加工厂和1家竹子加工厂，恩村近百名村民就近就业。通过产业带动，全村36户脱贫户持续增收，巩固了脱贫攻坚成果。2022年村集体经济收入26.5万元。

乡村旅游高质量发展。在实施乡村振兴战略中，恩村将发展古村旅游、农家乐、民宿、研学等配套项目结合起来，走旅游促发展之路。结合推动国家长征文化公园步道项目，对村里的基础设施、人居环境、旅游景点、农田水利等进行完善和提升，发展乡村旅游，增加村民和村集体收入。比如，修缮老村委会，将其改造利用为恩村休闲驿站，由村理事会负责做好旅游讲解、接待服务工作。大力发展生态农家乐，充分利用资金将村中原有古建筑融合红色文化、古村文化打造特色农家乐项目。2022年，全村接待各地游客2万余人次。

环境整治生态振兴促发展

恩村秉承“绿水青山就是金山银山”的生态理念，把绿色生态理念融入美丽乡村建设和产业振兴发展。

全力推进生态环境治理。强化畜禽养殖场巡查，加强源头管理，推进水污染防治，持续改善生态环境。加强土壤污染防治，实行测土配方施肥，禁止和打击建筑垃圾、有害物质等乱倾倒行为。积极落实大气污染综合防治工作，严格管控野外用火，有效遏制和杜绝露天焚烧行为。

大力开展农村人居环境整治、农村破旧泥砖房拆除等工作。随着“三清三拆三整治”深度开展，农村人居环境大大改善，先后投资600多万元，用于实施村庄道路修整硬底化、污水管道铺设、排水沟整治、厕所改造、苗木花卉栽植。落实门前和公共区域“三包”责任，开展“美丽庭院”评选活动，村庄保洁实行“村收集、镇转运、县处理”的垃圾处理模式，保洁覆盖率达100%，有力促进绿色、生态、美丽宜居村庄建设。

推动文化振兴促发展

做强红色文化。以红军长征经过城口为史实背景，突出“奔袭阻击、重走长征”的红色文化主题，配合开发建设城口——铜鼓岭段长征历史步道。长征历史步道长约16.8千米，以红军过粤北重点展示园为基点，依托国道106串联起铜鼓岭红军烈士纪念园、恩村古村等资源点，重点提升道路风貌，挖掘古村文化，发展深度体验游和红色研学游等活动，推动文旅融合发展。其中，恩村重点打造铜鼓岭——恩村红军长征展示线路，利用长征文化价值、游憩资源、建设条件，建设好重走长征路示范段。

做好古村文化。恩村有一千多年的文化历史底蕴，曾出过26位进士，考进武举、岁贡、拔贡、监生、庠生、太学生等300多人。现有4座保存完好的祠堂，均被认定为市级文物保护单位。此外，恩村还保存有古城墙、古桥梁、古驿道等。“古”是恩村历史价值所在，恩村也因此被列为仁化县城口镇发展古村旅游的重点村。2018年，恩村被国家评为“中国传统村落”。目前，恩村正在申报AAA级景区。

做实精神文化。经常性开展“传家风家训、树公德美德、争先锋先进、做好人好事”的主题教育活动。制定适合本村的村规民约具体条例，开展评选“星级文明户”活动，推动移风易俗，倡导树立文明新风，提高乡风文明程度，助力乡村振兴全面实施。弘扬社会主义核心价值观，办好恩村百姓大舞台，举办形式多样、广接地气的演出活动，邀请外地艺术团进村表演，使大舞台成为推动社会主义核心价值观落地生根的大平台。

推动人才振兴促发展

注重乡村人才培育。紧紧依托恩村党群服务中心，立足为发展红色古村精品游游客集散中心提供人才支持，组织开展各类实用技术培训班。比如，开展粤菜师傅培训和柑橘、辣椒、玉米、花生种植培训等。近几年来，每年累计举办各类农村实用技术培训不少于5次，参训人员200余人次。充分利用村综合文化楼，建设乡村振兴“一校三站”：农民夜校、党员志愿服务站、微型人才驿站和文明实践站。树立品牌意识，将“一校三站”打造成为延伸至周边上寨村、东光村、厚坑村等村学习借鉴、共建共享的农技培训、群众休闲活动、提升自我、创业致富的中心场所。

◆ 恩村举办文娱活动（龙全明　摄）

实施农村实用人才回流工程。利用元旦、春节、清明、中秋、国庆等节假日，组织召开外出乡贤座谈会，打好“乡情牌”，动员鼓励具备条件的乡贤回村创业，带领村民一同致富。截至目前，通过实施“头雁”工程、“青苗”工程，实施产业项目引导，已有优秀乡贤将事业重心向恩村倾斜，为推动乡村全面振兴贡献智慧和力量。

（作者：邓覃贵，仁化县城口学校；胡娟，仁化县城口镇政府）

仁化县红山镇新白村

新白村位于仁化县红山镇政府东北面，距红山镇政府4.5千米，与湖南省接壤。总面积约26平方千米，下辖老屋、田心、河背、杓麻丘、塘窝、新洞、新田一、新田二、半岭、丹竹坑10个村民小组。全村总人口406户1540人。以发展毛竹、茶叶产业为主。2022年，村集体经济收入30万元。设党支部1个，党员33名。新白村是革命老区村，1934年红军长征时，曾经过红山镇、新百村。红山镇是广东省唯一一个为纪念红军长征而命名的乡镇。2020年7月，新白村被韶关市委组织部列为党建示范工程“红色村”。2020年8月，新白村被中共中央组织部列为开展推动“红色村”组织振兴建设红色美丽乡村试点村。

红色简史

新白农会成立

1927年春，在仁化第二区（城口）农会领导人谭甫仁、罗源广等指导下，新白村白石洞片区成立了以谭甫仁、蔡卓文、廖汉忠、李德芳、钟镜棠等人为成员的农民协会筹备领导小组。通过几个月的宣传、发动工作，有200多名农民申请加入农会，其中不乏父子同来报名、夫妻同入会。新白农民大会选举出会长李德芳，副会长钟镜棠，委员李帮洪、邱新顺、袁求发、袁培兴、张洪珍、李钟巴、杨占端，制订了农会章程，会址设在老屋子祠堂。同时，成立了由36名会员组成的新白农民自卫军。新白农会负责二区和五区的联络工作。钟镜棠以走村卖小杂货为名，经常在城口、鱼皇、塘村、董塘、仁化水南、乐昌洋古田等地走村串户，暗中开展联络工作。新白地区还输送了黄英贱等10多名青年农会骨干参加仁化农民自卫军。

老营盘战斗

1927年“四一二”反革命政变发生后，国民党仁化县县长刘汲之、“清党”委员会主任谢梅生趁仁化县农民自卫军北上武汉，纠集反动武装300多人对全县的农会组织进行反扑。他们攻打革命乡村，解散区乡农会，杀害农会骨干，烧毁会员房屋，迫害农会会员家属，整个仁化笼罩在一片白色恐怖之中。

谢梅生通知城口的警察开赴新白村白石洞，搜捕新白农军家属和农会骨干。正好赶上农会组织全体会员集中开会，反动段长连登贤带着警察和民团

100多人包围会场，农会会员赤手空拳同警察、民团展开拼死搏斗。农会会员大部分脱险，但还是被连登贤等人捉拿了李德芳、钟镜棠等几十人，关押在营盘，多人被折磨致死。

新白农会委员李帮洪突围后，连夜召集逃脱在山上的会员，设法营救李德芳、钟镜棠等人。由于本村人力不足，李帮洪连夜派出1名会员赶到鱼皇农会会长谢鸣皋家请求增援。谢鸣皋连夜通知鱼皇农会会员100余人，携带数十支粉枪和刀、铁锹、铲刀等器械，会合新白农会100余人把整个营盘包围起来。连登贤见势不妙，命令手下停止开枪，举手投降。此次战斗，救出了李德芳、钟镜棠等几十名会员；活捉了连登贤、李逢源、张立信等人，并押送至董塘农会处理。

因国民党反动派力量太强，仁化的共产党组织、农会、农军等领导机关处于分散、隐蔽状态，连登贤等人趁机出逃。连登贤在国民党仁化县原县长谢梅生的支持下，调派城口警察及民团几百人再次驻扎白石洞，“围剿”白石洞农会，妄图消灭新白农会组织。部分农会会员被捕，为此农会领导李德芳、钟镜棠安排其他会员上山或到亲戚家躲避。李德芳化装成算命先生，钟镜棠以卖杂货的身份，两人联系上乐昌麻坑乡农会会长陈德招，在麻坑乡秘密活动。连登贤发现新白农会会员分散转移后，下令派兵洗劫骨干会员家，还发出通缉令出高价捉拿李德芳、钟镜棠等人。不久，李德芳、钟镜棠被乐昌麻坑乡恶霸沈保森抓捕，后被连登贤等人在枫树坳杀害。

新白村白石洞农会领导牺牲后，当地的土豪劣绅更加猖獗地欺压百姓和农军家属，连登贤等人无恶不作。

1928年1月23日，中共仁化县委在仁化县董塘镇成立，阮啸仙任书记。1月28日，安岗乡苏维埃政府成立。随后，李帮洪参加了恢复各地农会组织的会议，代理新白村白石洞农会全面工作，建立苏维埃政府，继续打击土豪劣绅，没收张立信、张荣顺等人的土地财物，开展锄田基、烧田契、分田分山的革命斗争。

参加游击活动

1928年10月上旬，受中共广东省委委托，中共广东省委委员、中共曲江县委委员欧日章率广东工农革命军北路第六独立团100多人到澌溪山游击根据地与中共仁化县委会合。其间，欧日章代表广东省委在红山鱼皇南木坑主持改选了中共仁化县委员会，蔡卓文任县委书记，刘振平、李载基为常委；成立仁化县革命委员会（第二届），蔡卓文任主席；把广东工农革命军北路第八独立团和曲江部分农军改编为广东工农革命军北路赤卫大队（简称“赤卫队”），伍牛仔任大队长。通过改选，加强仁化党政军组织建设，以便巩固游击根据地，更好地打击国民党反动势力。11月，受红四军前委指派的徐鼎到澌溪山将赤卫队改编为中国工农红军第四独立团，由蔡卓文、刘振平、李载基等担任领导，徐鼎指导全团工作。12月，由蔡卓文、刘三凤、刘振平等人率领第四独立团和烟竹、鱼皇、小楣水、白石洞的赤卫队员300多人，经伍渡、白石洞、汝城后溪直奔汝城县。在汝城农军配合下，部队攻陷汝城警卫队及民团团部，抓获民团团长朱百万，缴获银圆2000余元和一批枪支、布匹等，并在返回途中俘获国民党第十六军1个排长。此后，第四独立团依托澌溪山游击根据地，活跃在仁化和乐昌、曲江、始兴、翁源、汝城等一带，有力地打击了国民党反动武装，调动、牵制了粤军，减轻了敌人对初具规模的井冈山革命根据地的军事压力。其间，新白村人民群众为澌溪山游击根据地的革命武装斗争作出了贡献。

长征红军过境

中央红军长征突破国民党反动派设置的第二道封锁线后，1934年11月4日，红一军团二师四团从城口进入新白村新田地域宿营。11月5日，红二师四团从新田经暗迳、石洞雪、大水、清水江向乐昌县麻坑乡进军；红一军团直属队从城口经围坑进入新田宿营，在李氏祠堂设立临时指挥部；红二师六团一部经左坑、高坪、鱼皇、上围坑、月王，在新洞与红二师六团另一部会合；红十五师从城口过枫树坳到白石洞集结。

11月5日下午，红一军团二师六团一部，在铜鼓岭完成阻击战任务后，经新白村的新洞到白石洞集结。入夜后，红军战士打着火把从茶头埂而来，到达白石洞时已是深夜时分。村民生怕到来的人马是土匪，纷纷上山躲藏起来，村子里只留下一些走不了路的老人。红军战士悄悄地在新白老田心、老屋和河背的祠堂边驻扎宿营，村民没有受到一点干扰。

红十五师则从枫树坳过来，部分人员与红二师六团会合，从新白水口过桥。

◆红军长征经过仁化旧址——红山红军桥（陈琳　摄）

为阻止红军前进，国民党反动派准备毁坏水口石拱桥。当地村民得知后，推选出几个身强力壮、敢打敢拼的村民，每人携带一条生柴棒，守护红军通过水口石拱桥。11月6日至7日上午，接连不断的红军战士从水口石拱桥经过。11月7日下午到8日上午，零星掉队的红军全部离开新白。

中华人民共和国成立后，当地群众为纪念红军长征过红山，把新白水口石拱桥称为红军桥，此称呼沿用至今。

11月5日，红一军团直属队从城口进入新白村的新田宿营，在李氏宗祠设立临时指挥部，红一军团主要领导在祠堂边的二楼住宿。指战员利用宿营空余时间，深入村民家中宣传中国共产党的方针政策和红军队伍的性质与宗旨，以挑水、打扫卫生、劈柴火等最质朴的方式帮助群众。当地村民知恩图报，主动为红军提供空闲的房屋和能避风遮露的宿营地、当向导、收集提供情报、送茶水、提供粮食等。

红军主力继续西进之后，当地反动武装用尽残忍手段追杀留下的红军伤病员。36人惨遭杀害，被当地群众冒险掩埋。1968年，当地人民政府为缅怀红军长征烈士的英雄业绩，继承红军烈士的革命传统，在新白村修建了红军长征革命烈士纪念碑。1991年重建，碑底下筑墓，安葬36位红军先烈忠骨，以供后人瞻仰缅怀。

发展现状

近年来，特别是被中共中央组织部列入开展推动“红色村”组织振兴建设红色美丽乡村先行试点村后，新白村按照试点要求，结合巩固脱贫攻坚成果，深入实施乡村振兴战略，坚持党建引领、红色赋能，认真组织实施高质量党建推动高质量发展“五强五优”十大行动，乡村美、百姓富取得新成效。

党建引领夯实“地基”，党组织和党员干部作用持续增强

新白村党支部紧扣党建引领基层治理促乡村振兴，结合加强党的基层组织建设三年行动计划，持续发挥“一线双联”“民情夜访”引擎作用，探

◆新白村新貌（龙全明　摄）

索出一条“党建强、乡村美、产业兴、机制活、治理好”的乡村振兴发展之路，支部战斗堡垒作用和党员先锋模范作用大幅增强，党的组织优势不断转化为发展优势。

建强班子，筑牢基层战斗堡垒。坚持村党组织对村级各类组织和各项工作的全面领导，严格落实村各类组织向村级党组织报告制度。落实党支部“互学互帮互促”，由镇党群支部联系新白村党支部，补短板、强基础，制定15项党组织管理制度，严格落实党组织生活和村级重大事项“四议两公开”议事决策程序，持续提升党组织的威望和领导力。持续加强基层党组织带头人队伍建设，深入实施“头雁”和“青苗”培养工程，新一轮村“两委”干部平均年龄44岁，大专学历以上2人，储备村级后备干部4名，实现了年龄降下来、学历升起来、后备多起来的目标。2021年，新白村党支部被评为仁化县先进基层党组织。

建实队伍，打造服务基层先锋。在全村开展党员“亮身份”活动，并根据党员的居住地、户籍地，建立党员责任区10个。实行“一线双联”“民情夜访”工作机制，组织引导党员立足责任区，通过亮身份，充分发挥党员在基层治理、粮食安全、防洪抗险、疫情防控、森林防火等急难险重工作中的先锋模范作用。

建好阵地，夯实服务群众基础。主要是建设新的新白村党群服务中心，依托该中心，健全完善党群服务办事大厅、新时代文明实践站、妇女儿童之家、茶艺培训、党史方志驿站、积分超市等各项服务功能，着力打造便民服务的坚强阵地和温馨家园。

多管齐下，扎实稳妥推进乡村建设

结合工作实际和资源优势，从几个方面入手，积极推进宜居、宜游的美丽乡村建设，推动乡村振兴工作。2022年，新白村被评为广东省民主法治示范村。

推行“文旅+”工作模式，提升文旅发展质量。围绕“红韵茶香美丽乡村建设示范带”建设，精心谋划实施相关文旅项目。投入2000余万元，提升新白“红色村”建设水平，开展新白至鱼皇水库坝头沿线示范带建设，完成田螺塘观光基础设施提升、丹竹坑村小组茶文旅产业配套设施建设、白毛茶原种园茶叶实验科普基地改造提升等项目。将红军长征革命烈士纪念碑、红军桥、李氏宗祠等串珠成链，结合长征国家文化公园建设和茶叶产业发展，打造鱼皇—镇区—新白段、青迳—新白—新山—中山—前洞段两条乡村振兴风貌示范带，把红色资源优势转化为农（茶）文旅产业发展优势。

完善重点基础设施，夯实乡村建设基础。开展红色美丽乡村建设以来，党员干部纷纷主动拆除泥砖房、让出闲置地用于建设“四小园”，累计建设“四小园”340余处。2023年，投入约300万元启动新白红色美丽乡村碧道建设项目，碧道长度为1.407千米，起点为红军桥，终点为塘窝村附近。项目主要包括建设健身慢行步道总长0.873千米，新建亲水平台4处、人行拱桥2处、桥涵1处，在碧道节点布置路标指示牌共8处，在下河步级、亲水平台及人行桥位置布置警示牌共11处等。

强化服务功能，提高村民满意度。充分发挥村党群服务中心作用，为村民提供快捷便利的服务。在村党群服务中心设立“党群服务·暖心驿站”，组织村“两委”干部和志愿者，利用驿站开展义诊义剪、疫苗接种、关爱“一老一小一妇”、助老助残等系列惠民便民特色服务活动。依托村新时代文明实践站和乡村大舞台，组织开展贴近群众、贴近基层的文艺活动，丰富村民的精神文化生活。

实现村集体和村民共富，大力发展特色农业产业

新白村围绕乡村组织振兴的总体安排，从“堡垒、经济、队伍、服务、红色”五个方面切入，着力打造红色文化突出、时代特色鲜明、基层组织有力、经济收入稳固的乡村组织振兴示范村。经济方面，坚持村集体、村民共富不动摇，紧扣产业不放松。2019年村集体经济收入9.8万元，2021年15万元，2022年30万元，2023年35万元。

因地制宜发展产业。大力发展茶叶产业，稳固20亩茶叶基地，扩种20亩茶园，建立第一书记试验田。入股镇属龙之润农业开发公司，探索“党支部+村经济联社+农户+镇属农业公司”合作模式，推出茶叶系列产品，提高茶叶附加值，增强市场竞争力。以茶叶产业为主导，同时发展油茶、番薯、萝卜、毛竹等产业。在发展上述产业中，实现和带动数百名村民就业。

突出发展特色产业。结合发展茶叶产业、利用自然资源、开发红色资

源，树立市场思维，拉长经济链条，挖掘特色产业。发展农家乐、民宿、现场采摘、土特产售卖等乡村旅游特色产业。发展农事、休闲、观光、度假、研学等乡村体验特色产业。特色产业突出生态、红色两大特色。

强化社会治理，保证安全稳定

构建社会治安联防体系。推动信息化建设，布置安装电子摄像设备，有力震慑违法犯罪行为。组建“红袖章”平安志愿服务队，进一步充实平安村庄力量，将治安巡逻、反诈宣传、校园安全、道路交通安全、防溺水等作为志愿服务内容，提升辖区治安群防群治水平，保证了辖区的安全稳定。畅通举报渠道，建立突发事件应急处置工作机制，千方百计将矛盾纠纷化解在萌芽状态。

弘扬新时代“枫桥经验”。结合实际，把学习和弘扬“枫桥经验”引向纵深。完善矛盾纠纷多元调处化解体系，实施重点案件“领导包案”制度，通过开展“民情夜访”“一线双联”等活动，深入基层，深入一线，深入群众，全面了解情况，点对点、面对面解决问题，密切党群干群关系，做到“小事不出村、大事不出镇、矛盾不上交”。

◆新白村一角

◆新白村基础设施（龙全明　摄）

持续整治人居环境，整体提升村容村貌

新白村扎实开展人居环境整治工作，全面创建清洁村庄、宜居村庄、绿美村庄，同步做好巩固提升工作，全村整体环境焕然一新。

整治和管理同步进行。深入开展“三清三拆三整治”工作，着重开展破旧泥砖房拆除清理工作，构建新农村的框架。实施农村人居环境整治专项工程，完成长300多米的村道扩宽改造提升工作，深化拓展“四小园”建设，整村面貌持续改善，小桥下流水潺潺，池塘上荷花漫漫，村道两旁桂花飘香，村庄四处绿意盎然。建立实施市场化、制度化、群众化“三化”卫生保洁长效管理机制，确保“脏乱差”不反弹。

动员教育和全员参与相结合。通过开会、张贴标语、微信发布消息等方式，加强对村民清拆整治的动员和环境卫生的意识教育，增强村民的主人翁意识，摒弃过去不良的生活习惯，从而自觉支持美丽村庄建设。喊出“新白是我家，环境靠大家”的口号，实行主动清拆，落实“门前三包”，引进计分超市机制，组织引导全体村民积极投入到人居环境整治和维护工作中来。自2022年6月底试行积分制以来，新白村已有156户村民参与农村人居环境治理积分活动，个人最高积分为607分，村民累计积分达23949分。

倡导文明乡风，加强农村精神文明建设

新白村以文化振兴为抓手，大力倡导文明乡风，深化农村精神文明建设，村民精神风貌得到提升，农村社会文明程度得到提高。

积极培育和践行社会主义核心价值观。设立宣传栏，大力宣传“24字”社会主义核心价值观，推动核心价值观入心入脑，引导村民争当文明人。深化文明创建活动，组织评选文明家庭、文明户、文明个人，通过举行荣誉授予仪式，激发村民的文明意识。开展丰富多样的新时代文明实践活动，比如，举办“三八”妇女节、“六一”儿童节庆祝活动，开展村民节庆联欢演出活动，送电影下乡等，丰富村民业余生活，倡导正能量。

开展移风易俗活动。由村党支部、村委会牵头，并充分发挥村民理事会、红白理事会、道德评议会、禁毒禁赌会等群众自治组织的作用，组织修订村规民约，增强村民遵规守约意识，把倡导文明风气作为重要内容，推动形成良好道德风尚。开展好人评选、道德模范评选等活动，引导村民向好人、道德模范看齐。

（作者：李立钧，仁化县红山镇政府）

始兴县隘子镇风度村

风度村，原名矮岭、彩岭，中华人民共和国成立后，为纪念和褒扬风度学校，将彩岭村更名为风度村。风度村位于始兴县南部，隶属于隘子镇。全村辖9个自然村，共283户人家，总人口1536人。村中有水泥路与司隘公路相连接，距离武深高速公路10余千米。森林资源和温泉资源丰富。风度村设党支部1个，党员47名；村“两委”干部5人；2023年村集体经济收入22.6万元。2017年12月，风度村被广东省委组织部列为党建示范工程“红色村”。

红色简史

始兴革命的摇篮

风度村位于始兴、曲江、翁源三县交界地，距离始兴县城60多千米，是一个理想的革命根据地。1936年春，始兴革命先驱张光第在风度创办风度学校，陈亿勋、陈培兴、陈晓春、凌撷华等进步知识分子到学校任教。1937年后，革命青年吴新民、邓文礼等也相继来到风度学校，一边教书育人，一边开展革命活动。

自建校开始，风度学校确定“毅、勇、决、诚”为校训，坚持陶行知“生活即教育，社会即学校，教学做合一”的教育理念。其具体做法主要体现在以下方面：第一，选用开明书店出版的进步书籍作为教科书；第二，推

◆ 风度学校

行思想科学化、生活军事化、行动革命化的教学改革；第三，加强宣传工作，出版校报《风度周刊》，还要求各班每星期出一期墙报。

建校最初几年，在张光第及众多进步教师的共同努力下，学风、校风建设堪称独树一帜，受到始兴县各界人士的好评，周边曲江、南雄、翁源、英德等县一些家长也纷纷送孩子到该校就读。

1939年冬，全赓靖接任风度学校校长后，继续深化过去的办学理念。一是沿用开明书店出版的教材。二是设立图书馆，收藏进步书籍，如《毛泽东传略》《朱德传略》《二万五千里长征》《大众哲学》《萍踪寄语》《西行漫记》等，还收藏《世界知识》等杂志。三是高唱革命歌曲，如《国际歌》《延安颂》《太行山上》《游击队之歌》《黄河大合唱》《义勇军进行曲》《大刀进行曲》等。全赓靖还创作了抗战校园歌曲《风度学校校歌》歌词，邀请时任教于志锐中学的中共特别支部成员孙慎作曲，这首雄浑有力的抗战歌曲激励着风度师生度过了烽烟弥漫的峥嵘岁月。四是给学生上政治课，主要是宣传革命内容，如介绍解放区的情况，宣讲八路军作战的革命故事。五是继续推行“三化”教育，全校每月开展一次年级竞赛，优胜者得三角流动红旗。其中，生活军事化方面成效尤为显著，对学生教授军事常识，开展队列、战术训练，一年组织师生进行两次实弹射击。六是将《风度周刊》改为《风度三日刊》，及时报道或转载有关抗击法西斯的消息。七是组织抗日宣传队，每年寒暑假，部分教职工、学生组成抗日宣传队到翁、英、曲、始等县圩镇、学校开展文艺表演活动，用歌咏、话剧等表演形式进行抗日宣传。

从1936年4月到1945年6月，张光第、全赓靖两任校长（1941年夏至1942年春，吴新民曾任代校长）根据党的指示，认真办好风度学校，为革命事业培养了大量革命生力军。享誉粤北的人民抗日武装——始兴人民风度抗日自卫大队7名大队级领导、过半中层干部来自风度学校。抗日战争时期和解放战争时期，张光第、全赓靖、官汝川等数十名师生为党的革命事业献出了宝贵的生命。因此，风度学校被誉为“始兴革命的摇篮”。

始兴人民抗日指挥中心

为扩大与巩固抗日民族统一战线，以彻底战胜日本帝国主义，中共中央于1938年3月15日发出《关于大量发展党员的决议》。为此，中共广东省委确

◆ 中共始兴县委机关旧址

定当时的工作任务是以建党为中心。

在此背景下，邓文礼、陈培松、凌信孚、陈培兴等始兴青年加入中国共产党。1940年2月，中共始兴县委成立，发展壮大党组织仍是主要工作之一。风度学校作为发展党员的重点单位，先期发展吴新民、郑屏、刘世周、郭招贤4人加入中国共产党。风度学校成立党支部后，又在教师和学生中培养发展了周耿光、张艺等一批中共党员。这些党员都在后来的始兴革命斗争中成为中坚力量。

1941年1月，县委书记张华调离始兴县，南雄县委委员袁鸿飞调任始兴县委书记。袁鸿飞以风度学校教员身份为掩护，领导全县党组织开展革命活动，风度学校成为中共始兴县委机关所在地。

1942年5月，国民党顽固派制造了粤北省委事件，为保存实力，7月9日，后北特委副书记魏南金到风度学校传达“停止活动、分散人员、积蓄力量、等待时机”的指示，始兴县委随即召开会议，宣布暂时停止组织上的联系，停止发展党员，做好“三勤（勤学习、勤交友、勤工作）”，已暴露身份的党员转移到外地。风度学校因地理位置特殊，又是国民党高级将领张发奎出资所办，粤北省委事件和南委事件发生后许多外地已暴露身份的党员被疏散到这里隐蔽。这些党员的到来加强了始兴县党组织的力量。1944年夏，根据中共广东省临时工委指示，始兴县成立了临时县委，此时风度学校的党员教师达30多人。

始兴县委机关驻风度学校以来，开展了形式多样的革命活动。第一是组织开展抗日救亡运动。主要是通过文艺会演，激发广大民众的爱国主义情怀和打击日本侵略军的决心。1944年冬，日军第三次向粤北发起攻击，始兴县形势岌岌可危。始兴县国民党驻军大部分迁往江西“三南（全南、定南、龙南）”地区，留下一部分则随国民党县党部和县政府机关逃到始兴县司前桃村坝偷安。始兴临时县委领导风度学校师生于1945年元旦毅然前往县城中山戏台举办了一场别开生面的抗日文艺会演，大大激发了始兴县社会各界人士的抗日斗志。第二是经常与国民党反共逆流展开针锋相对的斗争，粉碎国民党顽固派“借枪”阴谋是较为典型的事例。1939年冬，日军第一次进攻粤北，风度学校受党组织委托以“保家护校”的名义向张发奎争取了300多支枪支、数万发子弹及其他军用物资一批。1944年冬，为削弱和限制风度队的实力，始兴县长江锦兴以日军进攻粤北需充实县国民兵团武器装备为由，向风度学校提出“借枪”，企图将风度学校的枪支弹药如数收缴。始兴临时县委连夜组织风度学校师生和附近村的村民将武器弹药运往更偏远的冷洞村藏起来。江锦兴和中统特务杨瑜等人来到风度学校，看到仅有的几支破枪时无言以对。

1945年1月23日，韶关沦陷，粤北抗日斗争形势愈发严峻。2月，中共北江特委组织部部长林华康在风度学校召开党员骨干会议，宣读了《粤北沦陷后的形势和任务》，传达广东省临委和北江特委关于抗日形势与开展抗日武装斗争的指示，并成立由周耿光、陈培兴、吴新民、吴伯仲、邓文畴组成的中共始兴临时工作委员会，周耿光为书记（后增加邓文礼、容子青为委员），同时成立前线工作委员会。按照划区分工负责的方式，各委员分头到全县各乡村开展武装抗日的发动工作。至此，风度学校成为全县抗日指挥中心。

从风度学校到风度大队

1939年冬，日军第一次向粤北发起进攻。张光第、陈培兴与县长何康民开会商定在罗坝或清化成立抗日总指挥部，何康民任总指挥，并通令各区乡成立民众抗日自卫队。根据通令，风度学校建立起始兴县第一支抗日武装——风度抗日自卫中队，刘世周任中队长，邓文礼任指导员，郑屏任副中队长，队员由风度师生和附近村庄的村民组成。

风度抗日自卫中队成立后，一边加紧军事训练，一边开展破除迷信、打击烟、赌、毒活动。由于活动频繁、激烈，不免触及当地土豪劣绅的切身利益，他们便写信给张发奎，状告邓文礼是赤化分子，刘世周、郑屏也被安上罪名。邓文礼、刘世周、郑屏等人被迫离开风度学校，风度抗日自卫中队因此被解散。1941年，通过始兴县国民兵团中队长郑镇华的宗亲关系，党组织派郑屏打入始兴县国民兵团，担任独立分队分队长。郑屏经常向士兵灌输党的抗日主张，使其成为中共组织掌握的一支抗日骨干队伍。

1944年10月，为加强抗日武装斗争，经与始兴县政府协商，风度学校以风度学校师生为骨干组建了始兴县政府抗日自卫队风度卫校独立分队（简称风度队），有战士20多人。1945年2月，始兴县城被日军攻占，中共始兴临时工委分析形势，决定冲破国民党严密的监视和重重封锁，在全县范围内开展抗日武装斗争。之后，老黄塘、外营、围溪、总铺、澄江、顿岗相继建立乡村抗日武装，始兴抗日武装力量空前壮大。而此时，国民党始兴县党部、县政府、县警中队、县国民兵团均疏散到远离县城的清化地区，县城仅剩下郑屏率领的独立分队，经常率队在县城及其附近乡村袭击日军。

4月，国民党广东省党部委员王志远在始兴县清化镇召开南、始、曲、仁、翁五县会议，密谋“反共”计划。会后，消极抗日的始兴县政府当局忌惮郑屏队伍在群众中的影响过大，便欲以明升暗降的方式夺取他的兵权，始兴县临时工委获取此情报后，令郑屏于5月4日率部起义，开赴八约外营村，与吴新民率领的风度队会师。

郑屏率起义部队在八约外营村铜钟寨与风度队会合后，始兴县政府下令撤销风度队番号。5月9日，风度队、郑屏队和外营队三队联合在马头岭痛击日军，大大增强了始兴人民抗日斗争的信心和决心。为整合全县抗日武装力量，经中共北江特委路东工委批准，始兴人民风度抗日自卫大队（简称风度大队）于5月13日在北山新屋场正式成立。风度大队的建立，使始兴的武装抗日走上了主力部队与地方武装相结合的新阶段。

6月29日，风度大队进攻桃村坝，一举摧毁了国民党县党部和县政府。之后，风度学校校长全赓靖率师生随风度大队一起开赴八约花山后方根据地，风度学校完成其历史使命。风度大队挺进八约地区后，经常袭击驻扎在县城的日军，并于7月23日光复县城，成立抗日民主政府。同年秋，东江纵队北上部队抵达始兴县，风度大队编入东纵序列，与挺进粤北部队携手战斗，直到1946年6月，东纵北撤山东省烟台市，风度大队番号取消。留下来在始兴南北山区隐蔽的60多名指战员，成为解放战争时期始兴游击队的骨干力量。

风度大队在抗击日、伪、顽斗争中取得不俗的战绩，被中共广东区委称赞为“质量最好”的队伍，被誉为“粤北人民抗日斗争的一面旗帜”。解放战争期间，风度学校培养出来的指战员也是打击国民党反动势力的生力军。风度大队在千锤百炼中凝聚起不朽的风度精神，即坚定信念，团结协作，敢于担当，不怕牺牲。

积极投身革命事业的风度人民

从1936年至1945年，中共党组织能在风度学校成功领导全县人民开展革命斗争，与风度村村民大力支持和积极配合分不开。

1936年风度学校创办后，学校进步青年在当地广泛开展抗日宣传，发动组织群众参加抗日救亡运动。1939年冬，张景时、张庆槐、张荣贵、张祥丰、张庆云、张家浓、陈万古等40多名风度村民加入抗日队伍。1945年2月，中共始兴临时工委吸收风度村民张发福、张必达、张祥芬为党员，发展张基昌、张天雄、张荣贵等15名风度青年为始兴抗日民主同盟成员。同时，张发福、张必达、张祥芬、张荣贵等20多位始兴抗日民主同盟成员参加了风度队。风度村组建了30多人的抗日自卫分队，张锦宏任队长。2月14日，风度村乡村抗日自卫分队在老街坪的民政岗，成功伏击一支由翁源新江窜犯清化的日军。6月29日，风度村抗日自卫分队又配合风度大队一起攻打消极抗日、积极反共、龟缩在桃村坝的国民党始兴县党部和县政府。桃村坝战斗后，风度村民又负责将战斗中缴获的枪支、弹药及其他物资运往游击区域。

为加强上级党组织与游击区的联系，风度村民建立南至英德、翁源，北至八约一带游击区的中心交通站，张发福、张必达、张祥芬、张基昌等风度青年担任交通员。攻打桃村坝前，张发福、张必达负责搜集和递送敌人兵力与分布的情报。

1945年8月下旬，东纵副司令员王作尧、政治部主任杨康华、珠纵司令员林锵云率领1000多人的东江纵队队伍抵达清化镇与翁源县新江边界，风度大队指派风度村民张发优等去迎接。东江纵队北上队伍到达风度村时，当地村民积极为部队筹粮购物、烧茶做饭、打扫营地；北上队伍离开风度时，村民又主动为部队带路、运送物资。风度村民还设法掩护和精心照顾留在村里养伤、养病的十几名东江纵队战士，伤员痊愈后又送他们安全归队。

发展现状

党的十八大以来尤其是近年来，风度村以列入省定党建示范工程“红色村”为契机，结合推进脱贫攻坚和乡村振兴工作，谋划和实施各项工作举措，村容村貌发生了翻天覆地的变化，走上了持续发展的道路。

发挥党支部核心领导作用

风度村党支部以风度精神为指引，始终坚持“一个支部，一面旗帜，一座堡垒”的方针，不遗余力地发挥党组织的核心领导作用，推动农村各项工

◆风度村新貌

作向前发展。

加强学习。组织村党支部班子认真学习党的指导思想，重点学习习近平新时代中国特色社会主义思想，增强“四个意识”，坚定“四个自信”，做到“两个维护”，提高贯彻落实党在农村各项路线、方针、政策的能力。学习业务知识，尤其是脱贫攻坚政策、乡村振兴政策、农村社会矛盾纠纷排查调处知识、农村基层管理知识等。

抓好支部规范化建设。认真执行“三会一课”和主题党日制度，力戒党支部工作虚化、弱化、边缘化。积极开展各类主题教育，比如“不忘初心、牢记使命”主题教育、党史学习教育、学习贯彻习近平新时代中国特色社会主义思想主题教育等，提高政治判断力、政治领悟力、政治执行力。围绕全村中心工作任务，设置党员岗位职责，切实发挥党员先锋模范作用。

脱贫攻坚促“红色村”大发展

2016年起，风度村被列为省级相对贫困村，由东莞市科技局对口扶持。东莞市科技局按照新时期精准扶贫工作要求，紧密结合风度村实际，牵头其他帮扶单位，全力打好全面脱贫攻坚战，积极推动产业脱贫、就业帮扶、党建共建、基础设施建设和社会帮扶等工作，取得明显成效。

强化工作保障。东莞市科技局多次召开局党组会议研究讨论风度村精准扶贫工作，局主要领导和分管领导多次深入村里开展调研、走访慰问、解决问题。东莞市科技局等帮扶单位派出年轻有为、责任心强的干部进驻风度村，加强帮扶力量。按照“抓考勤、严签到、保时效、重管理、正风纪”要求，强化建章立制，加强对驻村工作队的管理。

强化产业帮扶。驻村工作队认真落实省、市关于产业扶贫的重要部署，2016年至2019年，东莞市科技局投入225万元资金，积极发掘扶持适宜当地的产业项目，助推村集体经济和贫困户收入的提高。一是建立风度米粉厂。在做好深入调研的基础上，经过多次考察和反复论证，驻村工作队决定将米粉厂建设作为2017年重点工作来抓，投入市引导资金20万元用于米粉厂建设。目前，风度米粉厂运营良好，解决了数名贫困户的就业问题，每年还增加村集体经济收入2万元。二是打造风度村灵芝产业基地。2018年，东莞市科技局投入70万元建设风度村灵芝产业基地，并实行生产标准化、栽培基地化、设施现代化运行模式，该基地每年亩产绿色达标食品灵芝150斤，年收入15万元。三是以入股分红的方式增加村集体和村民经济收入。2017年，东莞市科技局投入85万元，以村委会名义入股隘子镇水花坝电站项目，年收益约10%，每年获得8.5万元收益。针对部分贫困户中老、弱、病、残人员增产增收困难问题，投入部分资金入股始兴县古塘实业有限公司，每年的红利分发给劳动力弱（或无劳动能力）的74个贫困人员，直到助其完全脱贫。四是购买商铺。为切实增加风度村集体收入，驻村工作队于2019年引导资金94.8888万元购入韶关市金鑫汇广场商铺，每月可获租金5000元。通过产业帮扶，2020年，村集体经济收入达到24.7万元，对比2016年，增长了4倍多；村民人均可支配收入达16164.06元，年收入均超过省脱贫标准（8300元），全村33户贫困户、91名贫困人口成功脱贫。

完善公共基础设施。为切实做到“有安全住房”“有安全用水”“有电用”“有电视信号覆盖”“有网络信号覆盖”“有教育保障”“有医疗保障”“有稳定收入来源或最低生活保障”“八个有”，确保风度村村民生活质量，驻村工作队积极协调交通、公路等职能部门对风度村路、桥、水渠等公共基础设施建设进行调研，并制订和实施建设计划。一是完成风度村3.75千米旅游公路硬底化工程，推进旅游业发展，方便村民出行。二是完成自来水改造工程。风度村旧水管已经使用多年，水量小和停水情况时有发生。为解决村民饮水问题，驻村工作队组织实施自来水管道改造工程，将引水源的4分铁水管更换为6分塑胶管，村民饮水问题得以缓解。三是实施风度公园建设工程。风度公园建设工程项目所用地块位于风度村中心、贵庐和向华泉范围，面积约为2000平方米。根据村民意见，将其建设为集美化环境和运动场地为一体的休闲公园。四是实施景区修复工程。经过申报省级专项资金，完成贵庐、向华泉、玉溪桥的主体建筑修复工作。五是修建良下球场、严屋球场，安装八组健身器材。

着力打造红色教育基地

风度村以列为省定党建示范工程“红色村”为契机，结合创建精准脱贫示范村和打赢脱贫攻坚战，在韶关市委组织部的指导下，由始兴县委组织部牵头，驻村单位、隘子镇党委、风度村协同，着力打造红色教育基地，赋能风度村经济社会发展。

保障资金投入。争取省专项扶持资金500万元、县财政配套资金50万元，专门用于省定党建示范工程“红色村”创建工作。此外，充分利用省定贫困村政策，积极争取东莞市科技局支持，镇村参与配套资金，追加投入资金近2000万元，用于周边环境提升改造。

突出重点打造部位。拆除原办公场所，在原址按规范新建风度村党群服务中心，强化服务群众功能。按照修旧如旧的原则，对中共始兴县委机关旧址、东江纵队会师地旧址、风度抗日中队休憩地旧址、始兴人民风度抗日自卫大队医务所旧址、教工宿舍等多个红色革命遗址进行修缮保护。做好风度革命历史陈列馆布展工作，布展面积346.64平方米，总长度126.5米，展品有73件，雕塑4座。修建风度红色文化党建主题广场，突出红色元素。经过近两年的努力，2019年8月，风度村省定党建示范工程“红色村”创建工作全面完成。

充分发挥作用。2019年9月，风度革命历史陈列馆乘“不忘初心，牢记使命”主题教育东风，正式对外开放，几年来，接待始兴县内外乃至省内党员干部达10多万人次。处在深山的风度村变得热闹起来，俨然成了红色打卡点，成为开展革命传统教育和爱国主义教育的体验基地。

◆风度革命历史陈列馆内景

乡村振兴续发展新篇

进入巩固脱贫攻坚成果和大力实施乡村振兴战略阶段以来，风度村以乡村振兴为抓手，努力续写发展新篇章。

深入开展公共基础设施建设。持续组织开展道路路基建设，开展彩岭自然村沿线农村“三线”整治，继续建设风度嶂背公路。完成大斜子水利基础设施2千米，完善4座机耕道、3个挡水墙、7条水渠、3个坡头。完成约168亩撂荒耕地的复耕复种。维护好村卫生站、便民商店、快递寄送点、电商服务网点的运行。

深入提升人居环境。大力实施“红色村”村容村貌提升工程，拆除危旧房、废弃猪牛栏445间（共9534.2平方米），清理垃圾杂草138处，实现“环境美、村庄美、庭院美”干净整洁村目标。加大对公共场所、主干道、村庄房前屋后等环境整治进度，建立村级卫生保洁长效机制，落实“门前三包”，垃圾做到定点投放、定时清运，公厕安排保洁员进行日常维护。推进绿美建设，对村道进行植树绿化，打造网红公路。充分利用“文明实践站积分制”，调动村民参与乡村振兴建设，更切实有效改善农村人居环境。

深入开展农村精神文明创建活动。突出抓好修订完善村规民约、规范管理红白理事会、成立道德评议会等重点工作，推进移风易俗，积极引导广大群众自觉摒弃陈旧落后的思想观念。组织开展主题鲜明、内容丰富、形式多样的系列文化活动，充分发挥先进文化的吸引力和感召力，大力加强社会主义新农村和谐文化建设。比如，坚持每年开展“三下乡”活动，对村民进行农业科技、农药化肥使用方法、水稻栽培技术、农村家用沼气安全常识、禁毒防艾知识、农村法律知识等的宣传和培训。

（作者：单小红，始兴县委党史研究室）

始兴县沈所镇八一村

八一村，原名外营村，位于韶关市始兴县西南部，距始兴县城约6千米，隶属始兴县沈所镇。据史料记载：明崇祯辛未年（1631年），流寇破始兴县城，不日被官兵勇士杀败。知县周之士为防匪徒进犯，创建营寨，在江口、关帝庙（今太平镇城北社区与城郊社区接壤交汇处北面）、跃溪（今罗坝镇东二村）三地分别设立水哨营、善后营、东郭营，派兵驻防。因外营在隔山的水哨营之外，故称外营。1950年4月4日，为铭记外营村人民在抗日战争和解放战争中所作出的贡献，始兴县人民政府将外营村命名为八一村。村域面积5.4平方千米，其中，耕地面积101.2公顷，山林面积462.13公顷。全村户籍人口211户共710人，常住人口430人。设党支部1个，党员41名。2018年7月，八一村被韶关市委组织部列为党建示范工程“红色村”。

红色简史

星火燎原

八一村有一座始建于清宣统年间的观音庙，建筑面积200平方米，属青砖木瓦结构，单层，面阔9.5米，进深19米，整体布局为三进两天井。由于此前村里已有一座庙，村民便将这座观音庙称为新庙。新庙建成没多久，就成了村里孩童们识文断字的私塾。1936年冬，该村革命青年陈培兴，为更好地开展抗日救亡宣传，在新庙创办日新小学。为掩人耳目，学校聘请一些当地老秀才讲学识字，平日教学内容以修身、国文、算术为主，辅以三字经、千字文。其他进步教师则向学生讲授革命形势和抗日爱国的道理，并引导学生们阅读进步报刊。日新小学照亮全村民众抗日道路，鼓舞着始兴县民众的抗日斗志。

1940年2月，中共始兴县委成立。7月，中共广东省委机关从南雄迁至始兴多俸堂不久，因被敌特跟踪察觉，随后便秘密迁至离日新小学不到2千米的红围。随后日新小学成为中共广东省委交通站，陈培兴兼任省委交通站政治交通员，另一个省委交通员朱明以日新小学教员身份为掩护。他们秘密开展革命工作，负责情况（报）、信件的上传下达，接送过往地下交通站人员，转运军需品、药品，传递宣教材料、报刊等任务。同年12月，根据中共中央的指示，中共广东省委宣布撤销广东省委，将广东省委一分为二，分别成立中共粤北省委、中共粤南省委。1941年春，中共粤北省委机关从始兴县沈所镇红围迁至韶关。日新小学转为中共始兴县委地下交通站。李循作、华英、王德昌等人在日新小学以教书的身份作掩护，继续秘密从事党的工作。

1944年秋，日军迫近韶关市曲江、乐昌坪石一带，形势十分紧张。同年底，为扩大抗日武装力量，阻挡日军打通粤汉铁路运输线，切断日军后勤补给，根据上级指示，陈培兴、郭招贤等人率领抗日自卫队风度卫校独立分队来到八约乡（今始兴县沈所镇八一村、花山村、黄所村、南方村一带），进驻外营村，建立八约抗日自卫中队，郭招贤兼任中队长，张艺兼任中队指导员。

1945年2月13日，日军侵占始兴。为抗击日军，吴新民代表风度队在外营宣布外营抗日自卫队（简称“营队”）成立，任命陈大梅为队长、陈大湖为副队长、郭招贤为教导员、陈伯棠为文书。营队下设4个班和1个手枪队。整个营队有队员30多名，年龄最大的60岁，最小的才15岁。营队成立后，经常配合风度队活动于韶始公路及水路两岸，阻击来往的日军。平日在外营村时，积极宣传抗日思想，为部队筹资、备粮。其中，深受外营村民喜爱的要数风度队战士华英，她虽是隘子人，所讲的客家话与外营当地的客家话大相径庭。但青春活泼的她随风度卫校独立分队驻扎外营村后，很快就与村民打成一片。白天，她在日新小学教学生唱革命歌曲，晚上又组织村里的妇女进行识字扫盲。她避开语言上的差异，采取通俗易懂的形式，或引经据典，或用比喻，积极耐心地对村民宣传抗日思想，发动、组织妇女支持抗日部队，很快便唤起了当地男女老少的抗日激情，为部队奠定了良好的群众基础。

峥嵘岁月

1945年2月中旬，营队接到紧急情报，有一群日军要经过江口。队长陈大梅即率领营队队员，配合风度队迅速分赴江口崖婆石始韶公路一带打伏击。此次战斗，击毙1名日军军曹，打伤日军数人，还缴获大指挥刀2把、“三八”式步枪1支。

5月9日上午，营队在马头岭反“围剿”自卫战中取得胜利后，下午时分，突然接到情报说有一队日军横过沈所河，正朝外营村方向而来。吴新民、陈培兴、郑屏、郭招贤、张艺等风度抗日自卫大队领导带领各自的队伍与营队队员一起，旋即奔赴马头岭阵地埋伏。下午3时左右，一队日军40多人，头戴钢盔，手持“三八”式步枪，肩扛4挺轻机枪，耀武扬威地朝外营进军。当日军全部进入埋伏圈时，风度大队领导一声令下，队员们扣动扳机，“砰砰砰”子弹射向日军，日军龟缩在田坎下不敢露头。队员们为节约子弹，见日军利用掩体往后退，便停止射击。谁料狂妄的日军利用这短暂的时机，仓促组织队形，架好机枪、步枪，疯狂进行射击。队员们见日军顽固抵抗，便凭借居高临下的有利地形予以点射式还击，消耗日军弹药。被压制的日军见太阳渐渐西下，惧怕夜战，慌忙向始兴县城逃去。这一仗未造成日军伤亡，但也把日军打得弃靴丢盔，威风扫地，再次增强了外营民众抗击日军的信心和决心。

5月13日，风度抗日自卫大队决定正式将营队纳入编制，整编为外营中队，陈大梅任中队长，陈大湖任副中队长，队员80多名。

6月27日，风度大队领导人吴新民、郑屏、陈培兴、邓文礼率始兴南山、北山抗日武装人员500多人，兵分三路进攻躲藏在桃村坝的国民党始兴县政府党政机关及军警。外营中队分配在由郑屏领导、吴新民参与指挥的第二中队，负责主攻桃村坝。经过两昼夜行军，部队悄悄对桃村坝的敌人进行了包围。6月29日凌晨，部队发起进攻。国民党始兴县政府县长江锦兴妄图组织负隅顽抗，但无济于事，敌人被打得溃不成军，或当场被毙，或缴械投降，或拼命逃生。江锦兴见大势已去，趁雨雾化装只身潜逃翁源。这场战斗，摧毁了国民党始兴县反动政权，活捉国民党始兴县党部书记吴英禄、国民党特务兼志锐中学校长杨瑜，歼灭敌人2个中队和志锐中学的国民党特务武装，缴获

◆ “外营惨案”遗址（陈声群　摄）

重机枪1挺、轻机枪2挺、步枪200支、电台1部及弹药物资一批，成功营救张光第、田章、郭家兴等革命志士。

7月底的一天凌晨4点钟，国民党顽固派第六十五军第一八七师第五五九团1000余人，携带70余挺机枪、迫击炮、六〇炮等武器，兵分四路包围外营村，企图全歼风度大队。战斗打响后，营队战士们拼死杀出一条血路，掩护风度大队顺利突围后，又掩护村民们突围。因敌强我弱，突围失败，营队指导员郭招信带领部分队员掩护乡亲们退守外营大围楼，与敌人继续战斗。营队苦战三昼夜后，大围内部板障楼层以及西北角一处墙体被敌人用炮弹和炸药包炸塌，132名营队队员和村民惨遭杀害，全家惨遭杀害的共14户，村民财物被抢光，抢杀猪、牛100多头，民房被烧毁120余间。这就是国民党顽固派制造的始兴外营惨案。11月27日，延安《解放日报》在头版以《国民党军队不断进攻广东我军，在始兴外营村实行“三光”政策》为题，报道了这一惨案，引起国人极大愤慨和一致声讨。

巾帼不让须眉

1945年4月初，风度大队领导召集外营、花山、黄坑等地村民，要去百里之外的清化冷洞搬运枪支弹药。因始兴县至清化乡各大小路口都有国民党顽固派把守，戒备森严，所以必须翻山越岭走绝径。外营村的何凤凤、卢月婵、罗鸾鸾、吴仲清、夏树君、卢七军、凌细兰、邓文莲、陈大珍等10多名青年妇女主动请战，同其他村民一起，披荆斩棘，跋山涉水，昼伏夜行，历经千辛万苦，如期如数把手提机枪8挺，短枪6支，驳壳枪12支，汤姆生冲锋枪1支，风龙机枪1挺，步枪200支，弹药、军用物资等一大批安全搬运回来。她们因此受到风度大队领导表扬。

虽然日军、国民党顽固派以及当地顽固武装分子十分凶狠，但外营村的妇女们从未畏惧，并表现得非常坚强、勇敢。卢道妃、李泮鸾2位妇女在各自家里承担游击队交通联络站联络员重任，冒着全家受害的危险，机智勇敢地传送情报。卢道妃、李泮鸾每次都安全完成任务，从未出现过任何闪失。她们热情接待来往的同志，间或帮他们缝衣服、洗衣服，使他们有回家的感觉。在艰苦的环境里，她们还想方设法，不避风险去组织村民捐资捐物，维持风度大队的日常需求，有力地支持风度大队渡过难关。

外营惨案发生后，外营村妇女没有被敌人的淫威所震慑屈服，她们忍痛埋葬牺牲的亲人，继续为革命事业工作。1947年10月的一天，妇女村民饶运仙为风度大队买好了物资和粮食，运至外营村后的都景时，被黄所乡国民党自卫队发觉，他们气势汹汹地质问道："你去哪里？"饶运仙答道："到亲戚家做客。""做客用得着送这么多东西？"这时，有人认出饶运仙是风度大队队员陈文的老婆，于是便凶狠地说："她是'共匪'陈文的老婆，快把她捆起来。"就这样，他们把饶运仙绑起来，并抢去饶运仙买的物资和身上藏着的2只金戒指。饶运仙先后被押到黄所国民党乡公所、沈所国民党乡公所、国民党始兴县政府、国民党南雄县政府，每押解到一处，都会对其严刑拷问，但饶运仙口中吐出的始终都是"不知道"三个字。后来，中共始兴党组织抓住敌人贪财的弱点，用6只金戒指托人将饶运仙营救出来。

发展现状

1949年9月25日，始兴全境解放。经历战火磨炼的外营村民，意志更为坚强，在艰苦战斗中幸存下来的营队队员和为解放事业作出贡献的村民，从未居功自傲，更没向党和人民政府伸手要享受，他们选择安居柴门，投身于重建家园、巩固人民政权和致力新社会建设中，再次谱写崭新篇章。光阴荏苒，进入新时代，八一村不断取得发展新成绩，特别是2018年被列为市定党建示范工程“红色村”以来，村容村貌更是发生了质的变化。2022年，八一村集体经济收入16.72万元，2023年达到27.3万元。

◆中共广东省委地下交通站革命历史陈列馆（陈声群　摄）

赓续红色血脉 建功新时代

红色荣誉众多。1950年4月4日，为铭记外营村人民为解放事业作出的贡献，继承和弘扬革命先烈优良传统，始兴县人民政府将外营村命名为八一村，并授予“光荣之村”牌匾。1957年4月，经广东省人民委员会核准八一村为抗日战争游击区。2000年，外营惨案遗存——外营围楼，被始兴县人民政府命名为始兴县爱国主义教育基地。2009年，始兴县人民政府公布日新小学为县级文物保护单位。2010年9月，广东省委组织部将日新小学定为广东省首批党员教育基地。2018年，韶关市委组织部将八一村列为市定党建示范工程“红色村”；始兴县委组织部将日新小学定为始兴县党史学习教育基地。

传承红色基因。在革命、建设、改革各个时期，有着红色基因的八一村村民，继续老一辈革命者的光荣传统，发扬自力更生、艰苦奋斗的作风，依靠勤劳的双手，创造属于自己的美好生活。改革开放以后，八一村的各项事业发展进入了快车道。进入新时代以来，八一村村民生活愿景更充实，发展目标更明确。

发展成效明显。走进八一村，除感受到处处充满红色革命历史氛围外，村里的人居环境大为改观。村前宽阔的田野，金稻清香飘进路旁成排的小洋楼。平坦的水泥道路一直通往青山深处，唤醒了巍然屹立的铜钟寨，山坡里的果树果满枝。近些年来，八一村以推进人居环境整治工作，持续开展村庄基础整治提升行动为重要切入点，推动脱贫攻坚和乡村振兴工作。加强村内垃圾、污水处理工作，抓好村内“厕所革命”，落实“门前三包”制度，完善长效保洁机制，加强面源污染管控，严格监管畜禽养殖，落实环境保护网格化管理。2015年，八一村被韶关市爱国卫生运动委员会授予“韶关市卫生村”称号。2016年，被广东省爱国卫生运动委员会授予“广东省卫生村”称号。2019年，被广东省文化和旅游厅授予“广东省文化和旅游特色村”称号。2020年，被始兴县人民政府评为“始兴县美丽乡村示范点”。

抓好基层党建工作 奠定乡村振兴基础

近年来，在帮扶单位省委编办的支持指导下，八一村党支部深入推进抓党建促乡村振兴，全面推进乡村发展、乡村建设、乡村治理等重点工作。通过精心开展“送学上门”系列活动，持续加强基层党组织建设，改进外出党员管理，利用“互联网+基层党建”平台，建立外出党员“微端”党支部，让外出党员远程参加组织生活、在外乡贤远程参与支持村内事务，使党组织服务覆盖范围扩大。同时，创新党建工作方法，开展田间地头的“微党课”和集体政治生日等主题党日活动，让基层党建更接地气。

2021年12月，八一村党支部联合驻镇工作队，成立“始兴县外营乡村旅游开发有限公司”，依托“强镇富村”，激活集体经济“新引擎”。该公司主营农产品推广经销、红色研学策划、乡村旅游开发等业务。截至2022年12月，公司成立一年以来，主动参与市场竞争，注重发挥驻镇帮扶工作队沟通联动的资源优势，承办韶关航道事务中心、韶关市交通运输服务中心等党支部活动；承接广州民航职业技术学院多场主题共青团日活动；与韶关广之旅、始兴古塘秋月等公司签订合作协议，共同开展红色研学活动。在众多活动中，其中消费帮扶营业额16.35万元，接待红色研学学员3000人次，总经营收入达33万余元。公司经过一年的运作，不但为村集体增加了收入，还使全村13户脱贫户家庭收入稳步增长，使脱贫户人均可支配收入最高达到30633.96元，最低也有11320元。更难得的是，公司通过努力运作，积累了不少运营经验，从而带动了村民致力乡村振兴、走向共同富裕的信心。

外营乡村旅游开发有限公司结合村内实际情况，找准定位，充分发挥优势。八一村基本农田47.86公顷，多为平原区域，主要种植水稻、花生；一般农田53.33公顷，位于丘陵山坑区域，主要用于种养殖和开办家庭农场；山林大部分属于生态公益林，只有不到10%的山林地由村小组管理经营，主要种植果树、油茶等，其农业产业发展基础较为薄弱。相对于八一村有着深厚的革命历史文化和红色文化资源禀赋优势，更有开发利用价值。村内不仅有广东省委地下交通站旧址、外营保卫战遗址、铜钟寨上当年抗日风度大队隐藏洞穴（藏军洞），以及牛尾寨山上的屯兵、练兵场等红色革命教育教学点，还可延伸扩展到沈北，与当年广东省委机关的办公地——“红围”结合起来，连片打造成一个文旅相融、传承红色基因的大平台。

立足优势资源　推动绿色发展

八一村依托广东省委机关旧址红围、广东省委地下交通站旧址日新小学等红色资源，擦亮八一村“广东省文化和旅游特色村”品牌，奋力在全面推进乡村振兴战略上展现新作为。2022年，八一村与外营乡村旅游开发有限公司联动广东省乡村旅游协会等有关组织，打造研学精品路线、持续完善课程体系，推动八一村申报成为全省首批30个“广东省乡村研学旅行特色村”之一。在农产品推广方面，联动广东省委编办机关工会，开展多轮消费帮扶，宣传推广八一村外营草席等传统非遗手工产品，助力特色农产品营销。在产业发展方面，邀请韶关市农业农村局技术人员到八一村实地调研指导，联动驻村工作队，用好“八山一水一分田”资源禀赋，开展产业示范，充分发挥“八山”地理优势，向广东省林业局申报赤松茸食用菌种植项目，大力发展特色林下经济。同时，深挖“一水”潜力，向广东省农业农村厅申报池塘多营养层级综合养殖模式示范项目，开发渔业养殖水面近13.33公顷，主要养殖青鱼、草鱼、鲢鱼和鳙鱼，转变传统养殖模式，提高综合养殖效益。村两委成员在“一分田”里，再续新篇章，依托外营乡村旅游开发有限公司平台，参与“广垦兴顺”米业品牌创建、营销，并将该品牌生态科技米成功上市。

一是建立和美乡业。以“红色传承、绿色发展”为主题，充分利用自身

◆中共广东省委地下交通站革命历史陈列馆内景（陈声群　摄）

深厚的革命历史文化传统及周边红色、自然、人文旅游资源，探索始兴县农村职业经理人试点，不断打造红色研学品牌。完善研学硬件设备，充分发挥地理优势与文化资源，研究谋划南岭干部学院始兴分院教学点建设；加强研学基础设施建设，建立八一村户外拓展研学基地，将乡村旅游与户外研学更深入地融合。做深做实研学活动，聘请专业讲师讲授课程；根据“红色文化+自然课堂”研学主题，不断完善研学课程体系，开展更多具有特色的研学路线；加强研学活动与本地优秀传统文化的结合，积极开展编织外营草席、石磨磨豆腐等民俗体验，组织举办书画创作、红色文化摄影创作大赛等文体活动，提供风土人情沉浸式体验。拓展客户资源，与县内餐饮、住宿企业达成稳定合作关系，推动与周边研学基地开展共建，加强与韶关广之旅研学协作。加强农特产品包装设计与品牌塑造，参加各类农产品展销会，主动对接企事业单位等稳定客源。

二是创建和美乡貌。推进乡村建设行动，深入实施农村人居环境整治提升。保障农村人居环境整治基础设施建设和运行资金，争取上级专项资金，同时引导社会资本、金融资本投入整治提升行动，通过多种形式支持改善提升农村人居环境，参与投资收益较好、市场化程度较高的农村人居环境基础设施建设和运行管护项目。聚焦解决人居环境整治难题，统筹农村公厕建设、生活污水收集利用及后期管护，建立公厕常态化管护制度，统一招聘村保洁员具体负责。健全垃圾焚烧处理、健全生活垃圾收运处置体系，开展农村生活垃圾分类示范创建工作，加快提高生活垃圾无害化处理水平。优化修缮乡村太阳能路灯，同步推动主街道亮化全覆盖和小街小巷的亮化，方便群众夜间出行。全面整治标语广告乱象、规范标识路牌设置，确保村庄街道井然有序、居室庭院干净整洁。规范农房建设管理，开展外立面改造工程，建设整齐划一、具有本地特色的乡村建筑风格；推广既具有岭南特色又绿色环保的农房建设，提升农民住房水平，推进乡村微改造、精提升。

三是实施和美乡建。围绕构建幸福生活圈，加快推进乡村补短板工程落地实施，强化乡村公共服务功能建设，促进城乡基本公共服务均等化。做好农村道路交通建设，精心规划建设村内道路交通网，实现路段、巷道的分类治理、精细治理；建立乡村公共交通联运体系，建设八一村连接沈所旅游公路、落羽杉公路的桥梁，强化八一村与圩镇、县城的联系。加强乡村基础设施建设，完善村内电力、网络的建设，实现光纤入户、5G网络全覆盖；发挥八一村水资源特色，做好河道疏通、清理工作，协助推进沈所河北岸碧道建设。完善乡村公共服务体系，利用好“风度书屋”、文化广场等场所，阶段性开展各类活动；优化党群服务中心的硬件条件和“一站式”服务功能，翻新村委会楼体并新建第四层作为办公用房，解决村委会办公楼屋顶破裂漏水、墙体老旧、办公面积无法满足日常需求的问题，定期考察借鉴其他村优秀经验，不断完善服务功能和服务质量。

四是弘扬和美乡风。推进移风易俗，传承传统优秀文化、民风民俗，深化巩固精神文明创建成果，营造和谐平安、文明充实的乡村氛围。提升乡风文明，推进移风易俗，制定符合村庄实际的村规民约，将喜事新办、丧事简办、尚俭戒奢、廉洁持家等移风易俗理念融入村民日常生活，进一步提高村民卫生文明意识，倡导文明生活方式。充实村民精神文明生活，加强对文化资源的保护，定期巡查检修村内的红色文化遗址，修缮更新年久失修的古建筑，引入旅游、餐饮等企业资源使古建筑、红色遗址焕发新活力。建设村民活动中心、体育中心等场所，邀请院校、文艺团体开展舞蹈、歌唱等文艺活动的教学，进一步营造浓厚的文化氛围。守护群众生命财产安全，做好防风险、保安全、护稳定各项工作，毫不松懈做好自然灾害防治，常态化开展防火防汛防溺水巡查预警、扫黑除恶斗争，探索便民服务措施，为群众提供农村医疗、教育、养老等保障。

五是保护和美乡境。落实习近平总书记关于“加快推动发展方式绿色低碳转型，坚持把绿色低碳发展作为解决生态环境问题的治本之策”的指示要求，推进绿美广东生态建设相关重点任务。推广绿色生活方式，用好线上线下各级各类宣传媒体，教育引导公众提升环保理念和对绿色生产生活方式的认知与认同；结合积分制试点工作，将居民参与垃圾分类、绿色消费、资源回收等绿色行为，量化为积分，使绿色生活方式深入人心。着力保护与修复生态环境，通过种草、植树的方式，修复山体开挖、野火烧山导致的山体裸露，盘活荒废的铜钟寨景区，保护山林资源可持续发展；结合道路建设规划种植行道树，提升路域环境，建设农村公路沿线美化、亮化的人文景观。推广新型能源使用，积极推进水电、风电、太阳能发电相关工程落地，倡导农民绿色出行、购买新能源汽车，减少能源使用对乡村环境的污染。

六是建设和美乡智。推进数字乡村建设、乡村信息基础设施普及覆盖与升级。强化物联网的管理作用，构建基于摄像头影像的村情管理系统，实现对农业、生产、治安、交通、安全等多方面的全面监管和预警，建成应用“一屏观全村、一图治全村”的标准化智慧服务平台，使乡村管理更精准、事故处理更及时。探索“网格化”乡村治理新模式，充分发挥基层党组织在基层治理中的领导作用，全面织密党的组织体系链条，建立健全网格内协商议事机制，实现支部联系组织聚合资源、党员带动群众拓展资源、群众互助群众共享资源，全面推进矛盾化解、疫情防控、便民服务等各方面工作。推进智能设备在乡村普及，积极协调通信公司为村民办理宽带业务，定期组织宣传智能手机的使用，为留守老人配备智能摄像头、智能音响等设备，引进智慧养鱼、智慧养猪等智能企业项目，以乡村治理数字化提升乡村治理效能。

七是加强和美乡治。探索乡村治理新模式，通过深化“积分制”、强化人才队伍建设、提高群众思想高度等多方面的综合施策，逐步建立起一套完整的基层社会治理体系。持续完善“积分制”工作体系，通过降低“积分制”参与门槛、加大宣传力度，纳入更多公益性工作等方式，激励更多群众参与到更多农村人居环境自治工作中来，形成共同建设美好家园的良好氛围。加强乡村治理人才队伍建设，与高等院校建立联系，以开展志愿服务、提供技术支持等方式提高农村治理知识水平；通过选拔、招聘、培养等方式，引进和培养具有相关专业背景和实际工作经验的乡村治理人才。提高群众思想高度，持续开展法制农村建设，运用新时代“枫桥经验”，牢固树立“教育群众崇法尚法、遇到问题找法、解决问题靠法”的法治理念，建立化解矛盾纠纷机制。

（作者：钟良江，始兴县委党史研究室）

翁源县江尾镇黄洞村

黄洞村位于翁源县江尾镇西北部，距翁源县城45千米，距武深高速公路38千米。北邻东鹊村，西邻梅斜村，南邻热水村，新民主主义革命时期，黄洞村与相邻的3个村统称黄洞山区，它们地处翁源县中部偏西的崇山峻岭间，交通不便，有“三峰八洞十三坑”之称，因其特殊的地理位置和地形地貌，成为中共党组织和武装组织开展斗争的重要根据地。黄洞村下辖张屋、上杨、下杨、黄洞围、冷水坑、铜锣洞6个村民小组，户籍人口1180人。设党支部1个，下辖3个党小组，党员36名。1990年6月，黄洞村被广东省委授予“先进基层党组织”称号。1994年6月被韶关市委授予“先进农村党支部”称号。2014年8月，被韶关市委组织部评为2011—2013年度先进党支部。2017年12月，被广东省委组织部列为党建示范工程“红色村”。

红色简史

积极开展抗日斗争

1939年冬，日军侵入翁源。为抗日保家，在中共翁源县委直接安排和组织下，县委书记邓楚白、校长徐尚同带领翁源县立中学学生120多人星夜撤到偏僻的黄洞山区。到黄洞山区后，组成以徐尚同任队长的抗日宣传队，在当地开展抗日救亡宣传工作。当时在翁源县立中学读书的学生陈德新（黄洞小塘肚人）、陈蔚寰（黄洞梅子坑人）两人，带着抗日宣传队分组到黄洞山区各自然村了解社会动态，发动群众开展抗日救亡；并在黄洞庙门口搭台召开群众大会，进行抗日演讲、演戏，宣传抗日形势，揭露日寇侵华罪行。此外，组成一支共30多人的抗日自卫队，由徐尚同任队长、杨华山任副队长，在积极开展抗日宣传的同时，开展抗日武装斗争。

掩护东纵北上

1945年秋，按照中央决定，由王震、王首道（简称“两王”）率领八路军三五九旅主力组成南下支队，分批南下，开辟五岭抗日根据地。由珠江纵队司令员林锵云、东江纵队副司令员王作尧、政治部主任杨康华组成粤北指挥部，率领东纵第五支队、军政干校的两个中队、鲁迅艺术宣传队、民运工作队共1200多人，作为第一批北上迎接“两王”的部队。8月15日，从博罗横河出发，经龙门、新丰、翁源，向粤北挺进。翁源党组织按照中共广东区委、中共北江特委的指示，做好北上部队的接送工作。部队很快到达靠近黄洞山区的河坎围、山口村休息。旋即在此与尾随而来的敌人展开了激烈的战斗。部队乘黑夜转移行军，天亮前到达黄洞山区的杨梅坑、梅子斜村宿营。在宿营地，北上部队政工队迅速深入群众中去，开展政治宣传工作，医疗队即为群众看病、治病。老百姓在生活十分艰苦的情况下，仍热情帮助部队解决食宿困难，还派出向导为部队侦察地形，收集情报，护送部队安全北上。

地理环境、群众基础等因素，使黄洞山区成为翁源解放战争时期的一块重要革命根据地。

建立革命根据地

1945年11月，东江纵队粤北指挥部根据新的情况和新的任务，在始兴与江西交界的铁寨召开军事会议，按照中央“两王”部队北返后东纵北上部队返回各地开展人民自卫战争的指示，决定广东西北区抗日同盟军大队保留下来的人员和东纵、珠纵部分人员共60多人，由何俊才等率领返回翁源活动。他们活动在新江渔溪、太坪、黄洞、江尾葸岭、松塘、翁北岩庄等山区或半山区一带，以多种方式开展武装斗争。

同年冬，中共翁西区委书记张国菁深刻认识到革命武装斗争必须依托山区才能取得胜利，于是便以“探亲”的名义，偕同其母亲胡冬娣来到黄洞山区杨梅坑张屋的姨母家，以其姨母家为落脚点，串联务农知识青年黄育辉、黄德仁，通过这两人串联学校教师朱宝元和杨屋杨华山等人，秘密开展革命活动。

◆黄洞人民革命烈士纪念碑

1946年冬，黄艺华奉翁源人民民主自卫军负责人何俊才的指示，到黄洞冷水坑、铜锣洞、黄洞围、杨屋、东坑、小塘肚等村开展武装活动。

1947年4月，中国共产党滃江地区工作委员会和粤赣先遣支队机关进驻黄洞（现黄洞村），统一领导滃江地区武装斗争。地工委和支队部领导成员也分别进驻黄洞。支队政治部主任林名勋在翁中读书时曾到黄洞活动过，他这次重上黄洞山区，感慨良深，赋诗一首号召黄洞人民起来斗争：“一别山区已九年，一切风物胜从前；滃江滚滚滔天涌，奋举枪杆热血腾。”

为了搞好黄洞根据地的建设，滃江地工委决定由中共翁西区委书记张国菁负责黄洞根据地的建设工作。在地工委的领导和支持下，张国菁着手开展根据地的建设工作。

废除国民党政权，建立民兵组织和党组织

在黄洞小学召开黄洞山区各阶层人士大会，向各阶层人士宣传党和武装部队的政策，并宣布：在黄洞山区废除国民党政权，取消保甲制度，黄洞的各项工作由共产党和游击队领导。这样，黄洞根据地很快建立起来。

首先建立了民兵组织。以自然村建立民兵班或小队，有常备民兵300多人。这些民兵组织经集中训练后，成立武装基干民兵中队，有70余人，中队长杨华山、副中队长毛友苏。民兵的主要任务是平时担负警戒和情报传送工作，战时掩护百姓疏散或转移，并配合主力部队作战。同时，在常备民兵中抽调人员，组建武装基干队（实际是山区人民游击队）。武装基干队由杨林宽任队长、董潘任军事教官。武装基干队成立后，开到芹菜塘（地名）驻训，一边训练，一边开荒种地。

在抓民兵组织建设的同时，十分注重党员的发展和培训工作，1947年7月初，在杨梅坑钟屋举办党员训练班，有20多名党员参加了学习。张国菁亲自主持训练班，组织党员学习革命形势和党的基本知识，使党员进一步认清形势，明确党的奋斗目标和党员任务，增强了党的观念和革命的坚定性。10月，经地工委同意，成立黄洞党支部，由黄育辉任支部书记，黄德仁、杨永鹏任支部委员，党员发展到41人。

建立民主政权，成立农会

7月15日，在黄洞召开党员、民兵和村民代表大会，选举产生了桂竹村民

主政府，经过到会代表投票，选出村长黄育辉（党员），副村长杨永鹏（党员）、李德华。村以下按自然村设21个闾，各设闾长1人。村民主政府成立后，组织农民建立农会，经发动宣传，9月底，农会正式成立，由黄德仁任会长，黄日新任副会长，贫苦农民都参加了农会，共有会员300多人。

农会成立后，在党的领导下，积极贯彻粤赣先遣支队“停租废债”的政策，废除封建剥削制度。停租废债后，农民得到的稻谷三四万斤（多为公尝谷），农民将所得的稻谷一半上交作军粮，一半归己所有。黄洞山区人民得到了革命斗争果实，革命热情更加高涨。

镇压反革命分子，开展统一战线工作

党组织在黄洞根据地的建设过程中，紧密依靠革命力量，团结中间力量，严厉打击反动力量，积极开展统一战线工作。首先，支队组织力量处决了破坏革命、欺压群众、民愤极大的反动保长黄彩新，以震慑顽固分子。其次，对黄洞水洞知名人士李醉园开展统战工作，使之支持革命。李醉园，1877年生于翁城，曾考取秀才，因民国初期军阀混战，而搬到水洞定居，到水洞后碰到贼患侵害群众，影响社会安宁，李醉园挺身而出，组织群众自卫，筹款购置枪支弹药，以土枪土炮抗击盗贼，配合县联团进剿匪窝，平息了贼患，使群众能安居乐业，在黄洞有一定威望。黄洞党组织认为李醉园是可以争取和团结的对象，因此，积极对他进行说服教育工作，向其宣传党的政策，力争把他引导到革命这边来。通过统战工作，李的思想开始转变，后来在黄洞做了不少对革命斗争有益的事情，并支持其儿子李德华参加革命工作，消除了人们对他的疑虑。

建立工农联盟，做好妇女工作

黄洞党组织不但重视山区的群众发动工作，还深入当地的牛屎坜矿山（后改为红岭矿）做好工人的发动工作。工委委员翁敏、许明按照工委的分工，在矿山办起工人夜校，向矿工和家属宣传革命道理，号召工人和农民团结起来，实行工农联盟，巩固民主政权，发展山区经济。当看到这里的农民生活困难时，便组织他们到矿山挖矿，用矿石换取现钱以解决经济困难。同时把矿山工人积极分子组织起来，成立保卫小组，监视矿区的坏分子，维持生产秩序。当国民政府“资源委员会”压价收购钨矿时，党组织立即发动工人罢工，黄洞群众也配合工人拒绝出售钨矿，支援工人罢工斗争，形成全民抵制国民党反动政府的压榨，维护工人群众利益的局面，使矿区牢牢掌握在党组织手中。

在黄洞根据地建设过程中，党组织还特别重视做好妇女工作。黄洞党组织在广大山区大力宣传妇女解放、破除封建陈规陋俗、实行男女平等政策，提出了“男子参加民兵保家乡，妇女耕田多打粮”的口号，要求党员和干部做好自己家属妇女的思想工作，使她们支持革命并参与根据地的建设。妇女发动和组织起来以后，在根据地建设中发挥了重要作用。她们在家完全担负起生产劳动的重担，使民兵安心站岗放哨。在敌人清剿、扫荡期间，实行坚壁清野，让敌人找不到吃的，迫使敌人不能在黄洞久留；利用赶圩、探亲的机会，到敌人统治区去探听敌情，为游击队传送情报；积极做好拥军支前工作。

开展土地改革，巩固革命根据地

为了巩固黄洞革命根据地，1948年3月，滃江地工委根据中共中央香港分局“一切为了土改”的指示，决定在黄洞进行土改。为方便管理和开展工作，滃江地工委把黄洞山区划给第四大队领导，并成立中共黄洞工作委员会，具体负责黄洞的土改工作。吴镜明任书记，许明任副书记，丘虹、翁敏、黄育辉、吴藻明为委员。

黄洞工委成立后，在背音山召开第一次会议，传达滃江地工委关于土改的指示，动员部署土改工作。第四大队政委黄艺华主持会议，会议学习了“中国土地法大纲”，决定把黄洞山区划分为四个片，以片成立村组织，东鹊片为第一村，黄洞片为第二村，热水片为第三村，梅子斜片为第四村，后又增设小塘肚片，为第五村。

为确保土改顺利进行，工委先在黄洞片搞土改试点。土改试点结束后，便在全洞各村铺开。工委成员和村干部分别到各村去召开群众大会，向群众宣传土改的意义、政策、做法，然后登记田亩（分自耕田、佃耕田、出租田等），经农会评议，分田到户，张榜公布、定案，颁发《土地证》，销毁原来的田契约，选举新村长。在土改过程中，仙潭乡反动乡长王炳中勾结地主恶霸和各类坏分子，散播谣言，恐吓群众。工委针对这种情况，深入发动群众，追谣言、查敌情，揭露敌人的阴谋，镇压了几个民愤极大的恶霸分子，从而保证了黄洞土改的胜利完成。

保卫革命根据地

在解放战争时期，国民党反动武装进犯黄洞20多次。为保卫革命根据地，驻黄洞革命武装部队和当地群众进行了艰苦卓绝的武装斗争。

反“五路围攻”

黄洞根据地政权建立之后，和太坪、荷坪、油溪的村政权连成一片，于1947年8月成立了翁源县第一个乡级红色政权——民主乡人民政府。民主乡人民政府的建立和部队在全县的大发展，促使国民党不少乡村政权瓦解崩溃，或名存实亡，失去控制。反动当局不甘失败，1947年9月17日以国民党正规军为主，纠合全县反动武装近千人，以“分兵合围”的战术，从东、西、南三个方向，从黄泥溜、铁石径、大丘麻、犁壁岭、雷公坝等地分五路进犯黄洞。我地民兵发现敌情后，一面报信，一面阻击。黄泥溜一路来犯之敌是国民党的正规部队，冷水坑民兵集合出击，黄洞围、杨屋角、围背张、铜锣洞的民兵前来支援。铁石径一路来犯之敌十分狡猾，不走正路，绕道马麻嶂山顶直奔黄洞，进行夜间偷袭。西面一路来犯之敌进到距黄洞围不到1千米的大塘坳，与民兵遭遇，民兵与敌周旋，从大塘坳到黄洞围不到1千米的路，敌人走了三个多小时。五路敌人在进到黄洞围一带之前，都遭到民兵的阻击，当晚他们龟缩于黄洞围、围背张、杨屋角住宿时，又遭到民兵骚扰。第二天，敌人分头退出黄洞。

反连续“清剿”

1947年7月起，中国人民解放军由战略防御转入战略反攻。国民党反动派为了挽救其全面崩溃的命运，9月，把宋子文调到广东。宋子文一到广东，迅速组织兵力，在全省范围内实施大规模“清剿”。黄洞根据地是粤赣先遣支队司令部驻地，更是受到连续不断的“清剿”。在1948年上半年，一个月内就5次“清剿”黄洞，每次“清剿”兵力都达1000人以上。驻黄洞革命武装部队以黄洞为根据地，充分利用山地地形与敌人周旋，各村民兵分头阻击骚扰敌军，农民群众实行坚壁清野。

“围魏救赵”

1949年3月中旬，翁源“剿共”总指挥、县长官家骥率领国民党第三十九军一部与翁源保安团共500多人，“进剿”黄洞根据地。为了牵制敌人，保卫黄洞根据地，粤赣湘边纵队北一支队三团乘敌人老巢兵力空虚，夜袭县政府，迫使官家骥回撤龙仙。三团完成袭击任务返回黄洞根据地时，在铁石径与“进剿”黄洞之敌相遇，三团奋起抗击，边打边转移。3月19日深夜，部队抵达南浦黄竹坪上斜村，这是一个三面环山、一条数公里长的山坑通向南浦的小村庄。由于经过两天两夜的连续行军作战，指战员精疲力竭，驻扎休息。3月20日凌晨，敌军顺着脚印、借着大雾跟踪而至，包围了上斜村。枪声响起，三团指战员奋起应战，分头突围，在突围中团长涂锡鹏受伤，副团长梁展如与7名战士不幸被俘。梁因叛徒出卖而暴露身份，受到敌人的严刑拷打，始终坚贞不屈，被敌人押到翁源官渡河边村杀害，英勇牺牲，时年48岁。梁展如，韶关曲江人，1929年受北江特委委派到翁源指导工作，1930年成立翁源第一个中共党组织。

飞虎连出击

根据当地党组织和六里武工队提供的情报，敌军车每天一至两辆往返于翁城、官渡与龙仙之间，途中必经六里揽陂河（滃江支流涂屋水，从黄洞山区中部自北向南流经六里涂屋汇入滃江）并蹚水过河。根据这一情况，粤赣湘边纵队北一支队四团政委汤山主持召开排以上干部和武工队员会议，决定派出飞虎连在揽陂河设伏。1949年4月16日，飞虎连从黄洞出发，当晚到六里北面山口村。17日晨，飞虎连到达揽陂河。汤山政委一面观察地形，一面派出警戒，确定把伏击点设在渡口东岸和围楼里，并立即部署兵力，安排好一切伏击准备工作。上午8时多，两辆敌军无篷军车从官渡方向开来，车上载有敌人，车头上架着机枪。汽车来到渡口西岸减速蹚水过河，往东岸开来，就在它快爬上东岸的时候，埋伏部队突然开火。敌人遭到伏击，死的死，伤的伤。国民党军队第一四七师警卫营1个排30多人被全歼，缴获六〇炮1门，三〇式轻机枪1挺，冲锋枪4支，步枪10余支，弹药一大批，击毁敌军车两辆，我部无一伤亡。对投降过来的俘虏，当场教育释放，其中1名少校军需官和1名排长带回黄洞，了解情况后也释放了。

磨石坑伏击

敌人由于在揽陂河遭伏击，恼羞成怒，调集部队“扫荡”黄洞革命根据地。4月18日，国民党军队第一四七师第四四一团第二营纠合新江、坝仔、江尾等地联防队，兵分三路“扫荡”黄洞。由于敌军气数将尽，“扫荡”草草收场。针对敌人的扫荡，第四团团长杜国栋召开干部会议讨论研究，认为从新江出发扫荡黄洞的敌人必会西出荷坪（今新江民治村）返回驻地，决定在荷坪至新江路上的磨刀坑设伏歼敌。敌军兵力有1个营，而钢铁连和第三团第一连合计才200多人，敌众我寡，全歼有困难。因此，决定打后半截，由钢铁连负责拦腰斩断歼灭；第三团第一连负责阻击前半截的敌人；翁西武工队负责情报联系。4月19日下午3点多，战斗打响，歼敌2个连，俘敌80余人，游击队仅2人负伤。这是一次重大胜利，沉重打击了敌人的嚣张气焰。

在四年的游击战争中，黄洞人民经受了血与火的战争考验。敌人“清剿”“扫荡”期间，黄洞山区被烧掉房屋2000多间，其中黄洞片、东坑、鸦鹊洞、梅子斜、水洞等10多个自然村房屋全部被烧；民兵、群众20多人被杀害。1949年8月1日，滃江地委和北江第一支队在新丰县遥田举行北江第一支队成立大会，会上授予黄洞根据地“劳苦功高”大红旗，表彰黄洞根据地人民为革命武装斗争作出的特殊贡献。

成为翁源解放战争指挥中心

为了加强党对武装斗争的领导，以适应滃江地区战争的新形势，1949年1月，中国共产党滃江地区委员会决定，在翁源及其周边县，成立3个边区县（工）委：一是中国共产党翁（源）始（兴）曲（江）边区工作委员会；二是中国共产党翁（源）连（平）虔（南）龙（南）边区工作委员会；三是中共新（丰）翁（源）佛（冈）边区县委员会。并决定了边区县委组成人员和所辖的党组织。中共翁始曲边区工作委员会机关驻地设在黄洞，书记涂锡鹏，副书记苏秉鉴。

翁始曲边工委成立后召开了全委会议，讨论和确定了当前工作任务，主要是：集中优势兵力，配合支队主力部队歼灭敌人的有生力量；扩充武装工作队；建立和健全农会、民兵组织；做好统战工作；搞好粮食税收工作等。

中共翁始曲边区成立后，党委着力抓好广东人民解放军粤赣湘边纵队北江第一支队第三团（简称“三团”）建设，健全团部机构人员配备，从下属大队、武工队抽调人员组建主力营，配合支队主力团作战，并向平原地区出击。建立和健全农会、民兵组织，发挥农会和民兵的战斗作用。

三团是翁源的地方部队，由涂锡鹏任团长兼政委，梁展如任副团长，苏秉鉴任政治部主任，王华任政治部副主任。三团组建后，健全了团部和政治处机关机构设置。

在翁源，人民武装部队在取得反“清剿”斗争的胜利后，武装斗争形势发生了根本变化，在反“清剿”时建立的新翁佛、翁始曲、翁连虔龙边区县（工）委已经不适应当前形势的要求。因此，中共滃江地委决定，取消以上县（工）委，成立中共翁源、英佛、新丰、浛江等县委，以加强对各地的领导，准备迎接南下的解放军。

1949年7月，中国共产党翁源县委员会在黄洞成立，涂锡鹏任县委书记，苏秉鉴、王华、张国菁、许先觉、官平、许展棠、杨克、林卧龙为县委委员；林奕龙、刘初鹏、吴镜明为候补委员。

8月2日，南下大军到达江西后，中共翁源县委在黄洞召开第四次全委会议，研究和确定解放后接管各区、乡政权的领导人员名单；部署迎接南下大军的各项支前准备工作，会议号召，军事上要坚决出击敌人，消灭一切敢于抵抗的敌人。随后，解放战争的最后阶段在全县迅速展开。9月15日，中国人民解放军第四十八军第一四三师第四二九团在北一支部队的支持与配合下，一举解放翁源县城龙仙。

发展现状

近年来，黄洞村大力弘扬革命传统，以列为省定“红色村”为契机，打好精准脱贫攻坚战，实施好乡村振兴战略，村容村貌明显改观，宜居、宜业、宜游的发展基础进一步夯实。

依托党建引领，凝心聚力促进发展

黄洞村以党建引领为核心，凝心聚力抓改革，一心一意谋发展，把党的领导覆盖到各个领域，支部战斗堡垒作用和党员先锋模范作用有效增强。

◆ 黄洞村村貌

加强支委建设。新一届村支委委员，平均年龄比上一届下降3岁，学历层次也有所提升。2023年，针对村支委出现空缺情况，及时吸收1名懂种植、熟村情的青年党员进入班子，进一步改善支委结构。注重教育培训，抓好支委班子集中学习，学好党的创新理论，学好农村工作知识。支委凝聚力与战斗力不断增强，多次获先进党支部、先进基层党组织荣誉称号。

注重民主决策。不搞个人或者少数人说了算，凡涉及本村经济建设和社会发展的重大事项、重要问题、重要工作、大额资金使用等，一律严格执行“四议两公开”制度，做到民主决策、科学决策。其中，2022年列入“四议两公开”范围的事项有石埂危旧桥改造工程、铺设冷水坑组环村主路工程等。

坚持党员带头。实行“党员网格化”治理模式，建立党员联系机制，即支部委员分片挂钩联系村小组，村小组中的党员又实行1+X联系，以户为单位，每名党员包干联系一定数量的村民。该模式被应用到政策宣传、安全生产、森林防火、人居环境整治等各项工作中，充分发挥党员带头作用的同时，又提升基层自治的能力和水平。

逐步改善基础，不断努力谋求发展

黄洞村位置偏僻，交通等基础设施成为经济发展短板。但中华人民共和国成立后，党和政府对黄洞村人民十分关心，在政策和资金投入上都有所倾斜，黄洞村基础条件因此得以改善。

交通、自来水等设施逐步得到改善。1958年，新江至红岭矿部（位于黄洞山区中部）的公路开通，全长31.3千米，惠及含黄洞村在内的整个黄洞山区；1973年，红岭矿部至黄洞村公路开通，全长4.1千米；1996年，红岭矿部至中村公路开通，全长25.7千米，使黄洞村至县城的公路缩短约50千米。黄洞村1983年通电，1995年通电话，2000年通自来水，2006年实现村道硬底化，2015年通网络，截至2023年，人民生产、生活设施条件得到明显提高。

以党建示范工程建设为契机，整合红色资源，一体规划打造。2017年，中共广东省委组织部印发《关于开展“红色村”党建示范工程的实施方案》，黄洞村被列入第二批省定党建示范工程“红色村”名单。对此，市、县、镇三级党委、政府均高度重视，利用省下拨专项建设经费，对急需抢救的革命遗址永宁围翁始曲边区工委旧址建筑等进行清理、修缮、恢复，保护

◆ 黄洞村红色教育展馆

原有的红色味道；对1966年黄洞村委会后山修建的革命烈士纪念碑进行重新规划改造，在纪念碑登山入口与纪念碑之间，建设红色文化学习路线，在此路线上分别设立三个名人阶梯（三个点的名人分别为张尚琼和苏秉鉴、梁展如和王炎光、邓楚白和何俊才），并对纪念碑北侧原有的烈士墓进行修缮，在纪念碑南侧修建展示栏，展示游击队的战斗事迹，建起纪念碑广场，用于开展红色教学；修建黄洞村红色教育展馆，连同黄洞村原年久失修的村级办公服务场所及周边建筑一并提升改造，黄洞村红色教育展馆为两层楼房，陈列展示土地革命时期、解放战争时期、改革开放后翁源县的相关历史文献资料及黄洞村开展革命斗争的相关史迹。革命旧址、纪念设施、红色展馆等构成相对完整、丰富的红色教育、旅游资源。黄洞村“红色村”党建示范工程建设完成至2023年初，开展宣讲活动80多次，接待县内外前来参观的党员、干部、群众3万多人次。

紧抓国家政策，不断增进民生福祉

黄洞山区拥有丰富的钨矿和森林资源，公路等基础设施的改善，为两大资源的开发利用创造了必要的条件。20世纪七八十年代，钨矿市场价格良好，黄洞山区实现短暂繁荣。20世纪八九十年代，森林资源得到开发利用，木材、竹子贸易成为黄洞山区农民群众一大收入来源。但随着后期钨矿市场价格下跌、封山育林政策实施、竹子市场需求减弱等因素出现，黄洞山区经济发展逐渐滞缓。为促进经济发展，提高人民收入，近年来，黄洞村紧抓脱贫攻坚、乡村振兴等国家政策，不断增进民生福祉。

黄洞村精准识别贫困人口33户83人，其中五保户3户3人、低保户7户8人、一般贫困户23户72人，2019年按政策中止帮扶1户1人。精准扶贫期间，在校生贫困人口全部发放生活费补助，未发生因贫辍学的情况；除在务工单位购买职工医保的人员外，全部建档立卡贫困人口由政府全额购买城乡居民基本医疗保险；没有安全住房的贫困户全部享受危房改造补助金，进行危房改造。除教育保障、医疗保障、住房保障外，县、镇、村还大力开展产业扶贫和就业扶贫工作，采用资金扶持和奖补方式对贫困人口进行产业扶持和就业帮扶。通过一系列的帮扶措施，2019年底，32户贫困户全部脱贫。脱贫攻坚工作结束后，为防止返贫现象发生，黄洞村“两委”干部主动对接脱贫户，与他们保持联系，对他们进行返贫监测和提供必要的帮扶措施。据村“两委”干部介绍，通过脱贫攻坚，黄洞村原贫困人口中有些已然完成本科、大专学业并顺利就业；有些因学历低，或已有一定年纪，或家中有病人需要照顾等原因，难以外出工作的，则在村中担任了保洁员等职务。

如今的黄洞村，村容村貌发生了巨大变化。家家户户住上了楼房，出行实现小车化、摩托化。全村257户农户100%实现了饮水安全。每个自然村均兴建了垃圾池，铺设了污水处理管道，卫生环境干净整洁。宣传栏、篮球场等宣传、运动、娱乐设施也逐渐添加。

坚持三治发力，全面构建和谐环境

在社会治理方面，黄洞村始终坚持自治、德治、法治相结合，收效良好，2019年度、2021年度更是被评为翁源县创建平安村居（社区）先进单位。

自治方面。将国家政策、法律法规、传统道德、移风易俗等内容纳入村规民约。除村“两委”外，还成立村务监督委员会、村民理事会、人民调解委员会等自治组织，并健全维稳工作信息员队伍等。

德治方面。充分利用红色资源丰富的优势，以红色基因激励党员干部乃至普通村民爱国、奋斗，守初心、承初心、践初心，齐心协力推进社会治理。并将尊老爱幼等传统道德融入村规民约，让德治逐步贯穿村民生活的点点滴滴。

法治方面。采用宣传栏宣传、大喇叭宣传、入户宣传等方式，将法治宣传融入日常工作、生活中，坚持宣传预防为主，防治结合。以“大事不出村，小事不出组”为调解纠纷的准则，树立村民法治“防火墙”。

坚持多措并举，努力推进乡村振兴

长久以来，黄洞村“两委”坚持多措并举为民谋利、服务民生。干部推动致富，党员带头致富，致力公益事业，推进乡村振兴。

探寻经济道路。钨矿、竹子等价格下跌后，黄洞村一直致力于寻找新的经济发展道路，20世纪末至21世纪初，黄洞村利用本村水力资源优势，通过招商引资，兴建了黄洞水电站和黄洞礤水电站，这些水电站一直经营至今，不但每年为村集体及当地村民带来一定收入，还为村民提供了一定的就业岗位。近年来，村“两委”利用山区生态优势，也正在探索发展茶叶、灵芝、香菇等林下经济产业。另外，村“两委”还鼓励党员带头致富，鼓励有能力的年轻人往外发展寻找致富路子，鼓励乡贤反哺家乡。

坚持为民谋利。利用本村红色资源丰富的优势，积极向上争取资金，被列入省定党建示范工程“红色村”名单后，省级拨入500万元专项经费，利用该笔经费，黄洞村整合红色资源，一体规划打造，建设起来的党群服务中心、文化广场等党建文化设施改善了村中的基础条件，村民生活亦随之得利。

坚持服务民生。黄洞村集体收入主要来源于村小组联营山生态林管护、红岭矿业公司协调费、东鹊村林下经济投资、小型水电站收入等，加上上级转移支付补助及党组织等各类专项经费，除用于村“两委”日常办公外，均用于村中危桥改造、道路维修、路灯设置、卫生保洁等民生服务事项。其中，2022年安装6米杆太阳能路灯40盏，共计3万元；铺设冷水坑环村主路250米，共计9.8万元；进行石埂危旧桥改造，共计10万元。

（作者：涂少华，翁源县史志办公室）

翁源县坝仔镇半溪村

半溪村，位于翁源县东北部粤赣交界处，东邻江西省，距翁源县城约33千米，距武深高速公路14千米。半溪在明朝时即有客家人迁入，后逐步形成一定规模的村庄。开村时，属翁源县宜阳乡；清朝，属翁源县上乡上庄铺；民国5年始，先后隶属翁源县坝仔区上庄铺、上庄乡、岩庄乡；中华人民共和国成立后，曾属翁源县岩庄乡、第五区、坝仔区、坝仔公社、岩庄公社、岩庄区、岩庄镇等管辖，2004年至今，隶属翁源县坝仔镇。半溪村地处山区丘陵地带，境内青山繁茂，森林资源丰富，是翁源县有名的青山宝地。全村耕地1299亩，林地72522亩。也是著名的革命老区。下辖上湾、下湾、郭屋、围仔、河背、下庄、山下、华屋、上角八、上角九、坑尾、张江营、礤下、大塘肚、石角围15个村民小组，共有村民493户1696人。设党支部1个，党员63名。以鲟龙鱼、花卉、毛竹等产业为主。

2022年，村集体经济收入达32万元。曾获广东省卫生村、广东省“林长制”示范点、韶关市理顺农村基层体制工作先进村、韶关市人民调解工作先进单位、翁源县党风廉政建设示范村、翁源县第二次全国农业普查先进集体等荣誉称号。新民主主义革命时期，中共地下组织和游击队借助半溪山岭环绕的地形优势，在此发展和活动。半溪村还因其铀矿资源丰富，成为中国第一颗原子弹核燃料制造的启航地，见证了广东核地人一代又一代接续为国奋斗的光辉历史。2018年7月，半溪村被韶关市委组织部列为党建示范工程“红色村”。

红色简史

投身抗日战争和解放战争

早在1938年，已有共产党员在半溪村活动，他们以教学为名，采用办夜校等形式，在当地宣传党的抗日救亡政策。1940年，与半溪村同属岩庄地区的鲁溪村村民林卧龙到翁源县立中学就读，并在学校加入中国共产党。其间，林卧龙等进步学生被派回岩庄，通过扫除文盲、出抗战墙报、组织读书会等形式向当地群众宣传抗日主张和全国各地抗日形势。鲁溪、半溪、饶村、中洞等翁源岩庄地区有识民众由此进一步受到了中共进步思想的感染和熏陶。1945年，以林卧龙为代表的岩庄有识民众陆续参加北一支队，投身革命。

同年8月，日本战败投降。经过十四年浴血抗战，中国人民迫切要求和平，迫切要求建立一个民主、独立的新中国。但国民党反动派却完全不顾人民渴望和平的强烈愿望，在美帝国主义的援助下，拼命抢夺抗战果实，积极发动内战。

1946年7月，国民党广东当局公然违背保证东江纵队复员人员安全的诺言，加紧策划大规模的“绥靖”“清乡”，造谣中共武装部队已全部肃清，实行“强化治安”，加紧征兵、征粮、征税。翁源国民党反动政府也大力推行反人民政策，纠集翁北联防队队长吴越南及其爪牙刘月周等人强迫村民交粮交税，肆意抢掠财物，恶意烧毁房屋，无端殴打民众，并多次带兵“进剿”县境的黄洞、李洞等游击队驻地。半溪村也没能幸免，被扣上“通匪”“窝匪”“济匪”的罪名。

在反动政权掀起的血雨腥风的白色恐怖下，翁源人民每日惶恐不安，生活暗无天日。面对人民反压迫反剥削的强烈愿望，中共游击队开始反“三征”运动。1947年夏，粤赣先遣支队司令部决定，成立翁虔独立大队（简称“独大”），大队长由林卧龙担任。林卧龙奉命将独大拉回岩庄，并将朱蔼洲武工队合编入独大，领导翁北革命斗争。独大主要活动在翁虔边境，中洞村、半溪村成为部队的常住地。独大还在半溪村的坑尾头、张江营的大山上设医务所、制衣厂、看管所。

眼见独大在半溪村一带迅猛发展，吴越南、刘月周等反动派恨之入骨。1947年农历九月九日，纠集翁东、翁南、翁西、翁北4个联防队800余人对半溪进行残酷大“扫荡”。独大英勇反击，把联防队打得溃不成军、狼狈而逃。联防队不甘失败，9月11日又偷袭半溪村，当天恰逢半溪村有人举办婚礼。联防队一早先行登山包围村庄。上午9时许，新娘的花轿刚抬到祠堂门前等候拜堂完婚，突然枪声四起，密集的子弹向村庄飞来，村民们一片混乱，四处逃散。过了一会儿，联防队蜂拥进村，哄抢财物。随后，又将村里的男女老少集中驱赶至门坪进行训话、搜身、抢钱、剥夺衣物，甚至新娘的新衣也被剥光，婚宴酒菜也被吃光。联防队撤退时，还放火烧去10多间房屋，抢光村里的耕牛、生猪、鸡、鸭、鹅及其他财物，并抓走几十名村民担运掳掠得来的物资。

联防队偷袭的消息传到独大，林卧龙等同志火冒三丈，立即研究对策，作出“截物救民”的破敌方案，决定在距半溪村2千米处敌人返回必经之路鸬鹚登滩布阵埋伏截击。当天下午3点多，埋伏在附近的独大队员清楚地看见联防队员押着被劫持的村民大摇大摆地走来。随着带队领导一声令下，独大队员的机枪、步枪一齐向敌人开火。联防队阵营顿时大乱，敌人惊慌失措、鬼哭狼嚎，四处乱窜、躲藏。少数联防队员开枪还击，但混乱中他们找不到明确目标，只能乱放空炮。独大队员越战越勇，联防队官兵胆战心惊，吴越南一看队伍士气低迷，已无还击之力，不得不下令撤兵，狼狈逃走。被抓的村民得以救回。鸬鹚登滩战斗，历时不到2小时，独大便取得压倒性胜利。

独大成立后不久，作战实力迅速增强，声威大振。结合当时的形势，为实行全民武装以巩固根据地，当地人吴时辉等被组织派回到半溪村发动群众组建民兵组织。那时半溪村与中洞村合称横直水，被派到横直水的吴时辉等人通过一段时间的努力，很快组成70多人的民兵队伍。经过集训整编，这支民兵队伍编为横直水民兵中队，与独大紧密配合开展对敌斗争。横直水民兵中队深入千家万户，向村民宣传党的政策，发动群众开展减租减息、停租废债、破仓分粮、收缴地主枪支，打击土豪劣绅，惩办为虎作伥的地头蛇，搜集、递送情报。还配合独大直接参加过10多次战斗，如攻打得月楼、群辉、饶村、古家营、坝仔等地的联防队，以及参加江西南径、大吉山矿、乌坵坝等对敌战斗。

半溪村为翁源的解放事业付出了巨大牺牲。有名字记载的革命烈士有梁银成、谢世芳、梁增仁。

中国第一颗原子弹核燃料制造的启航地

中华人民共和国成立之初，百废待兴。为了防止列强卷土重来，军事振兴成为重中之重。时值朝鲜战争爆发，西方国家多次肆无忌惮地对中国进行核威胁、核讹诈。1954年秋，中国地质勘探工作人员在广西省富钟县寻找到铀矿带，开采出中国第一块铀矿石，证明中国的地质里也含有铀。铀是一种带有放射性的金属，是制造原子弹等核武器的重要原料。核武器是什么？是威慑，是底线，是以战止战的能力。1955年1月15日，在中南海的一次中央会议上，毛泽东主席指出："我们只要有人，又有资源，什么奇迹都可以创造出来！"这气吞山河的声音响彻了中南海，响彻了整个中国。于是，有了原子能三人小组。毛主席指示："一定要发展原子能事业。"

铀作为原子能工业的基础原料、关键材料，决定了发展原子能事业必须有充足的铀。在党中央、国务院、中央军委的英明领导下，迅速组建起铀矿勘查队伍。1956年，中国第一支铀矿勘查专业队伍——中南309队2分队、11分队先后进驻广东省翁源县半溪村的下庄地区，并于当年11月发现了有工业意义的铀矿化，中苏两国技术人员共同命名为"希望矿化区"。

希望矿床是中国、也是世界上第一个大型花岗岩型铀矿床，位于广东省贵东花岗岩体的东部。矿石中的主要矿石矿物为沥青铀矿，矿体大小不一，大矿体长可达200米，倾向延伸300米，厚2~5米，矿石品位0.1%~0.3%。希望矿床具有重大开采价值，为了保密，对外称610矿。当时来矿区视察的中华人民共和国第二机械工业部（简称二机部）部长宋任穷高兴地说：这个铀矿床是二机部的"掌上明珠"，堪称中国第一。

希望矿床的发现，正式宣告打破当时苏联专家"花岗岩体中不可能有工业价值的铀矿”的断言，开创了新中国寻找铀矿资源的新领域，填补了中国花岗岩地区铀矿找矿技术空白，成为新中国寻找铀矿资源的新希望。由此形成了下庄矿田，并推动全国掀起花岗岩型铀矿找矿热潮。以希望矿床为核心的下庄矿田找矿工作成为当时培养中国铀矿技术人才的摇篮。

希望矿床被发现后，为支援国防建设，王明健、薛文德、巩志根、李增贵等一批杰出的科学家、出色的工程技术人员、优秀的工人及干部从全国四面八方来到半溪，投入铀矿的探寻、炼制之中。1960年，在坑道班长李增贵的倡议下，希望铀矿6号坑道掘进队128人分成3个班，若干个战斗小组。在工长、班组长带领下，把坑道当作战场，比、学、赶、帮，争分夺秒抢进度创高产。提前上班，推后下班，打破8小时工作制。风钻工、放炮工、装运工、辅助工团结协作，忘我奋斗，李增贵本人甚至经常连续干8班才下山。他们在生产中抓住打眼、爆破、运输、供电、安全等关键环节，创造出一套新的施工生产方法，在爆破材料紧缺情况下，改进爆破方法，改善装岩、运输条件，提高了工作效率，最终创造了坑道月掘进1330米的全国纪录。

由于没有经验，当时苏联3名专家来到半溪指导铀矿工作。出于方便苏联专家开展工作考虑，广东省政府在当地招录了1名勤务员。招录勤务员要求很

◆希望铀矿6号功勋坑道（广东核工业教育基地　供图）

严格，一是必须家世清白，根正苗红，以中下贫农为主，家族中有人当过土匪、国军、地主恶霸等的都不能入选；二是有一定的文化水平，至少初中学历；三是熟悉当地情况，年轻、体力好。通过层层筛选，当时年仅17岁的半溪村村民梁宗仁入选。梁宗仁不会俄语，只能听懂简单的几句。好在苏联专家配有翻译，梁宗仁主要负责给苏联专家带路、购买生活用品、陪同去广州开会等。据梁宗仁家属讲述，当年虽然条件比较恶劣，物资比较匮乏，但中国政府尽力照顾苏联专家，食品站保障了蔬菜、肉食的供应。梁宗仁的工作并不轻松，需要经常陪同苏联专家来回基地和普查点、探测点、采矿点。一天不能往返时，他还要负责与附近村民沟通，借住民房，如果到了荒无人烟之地，就只能住寺庙或露宿荒野。这些困难，对于自幼放牛的梁宗仁来说，称不上特别苦。梁宗仁为苏联专家服务约2年，直到苏联专家撤离下庄铀矿基地。苏联专家的撤离，找矿工作受到一些影响，但中国的原子能事业并未因此停滞。

位于半溪村的下庄土法炼铀水冶厂（202水冶厂）建在336矿床的山沟旁，原是中南309队11分队于1958年在全民办矿口号指引下，利用本队地质勘探生产出来的矿石，遵循“土法上马、以土为主、先土后洋、土洋结合”和“边干边学、建成学会”方针建设的一个小型土法炼铀水冶厂，也是中国第一家简法铀水冶厂。新中国第一届全国劳模、2016年被载入中国“两弹一艇”人物谱史册的王明健便是在此负责开展“土法炼铀”。“土法炼铀”是利用木桶、瓷缸、石碾等生活中的物品替代相应设备，并根据原有的条件，重新设计铀原料提取的流程工艺。

1958年8月，下庄土法炼铀水冶厂用稀硫酸渗滤浸出沉淀精矿的工艺，生产第一批重铀酸铵产品，宣告土法炼铀成功投入生产。因为当时经济十分困难，下庄土法炼铀水冶厂厂房建筑只得因陋就简，就地取材，都是杉木、杉皮结构，全厂共有3个车间，除破碎车间有1部破碎机械和传送设备外，其余车间主要设备均是自制的木桶、木槽、土缸及改装的汽油桶等，工厂全部手工操作，劳动强度巨大，卫生防护落后，环境污染严重，影响身体健康。即便如此，在王明健的带领下，工人们还是铆足了干劲，夜以继日地忙生产，终于在半年内生产出重铀酸铵。

12月底，二机部土法炼铀现场会议在半溪村召开，来自全国有关大专院校的教授和专家以及部属有关单位的专业科研技术人员参加会议，会议由二机部副部长雷荣天主持。在现场会议召开之前，雷荣天亲临水冶厂现场检查指导工作。

在完成半年内生产出重铀酸铵的任务后，再经过两年半的苦战，下庄土法炼铀水冶厂又生产出了71.3吨重铀酸铵，约占当时全国土法炼铀总量的67%。时任二机部部长刘杰说："有了这一批重铀酸铵，对于进一步生产核燃料，提前能够准时爆炸第一颗原子弹具有重要意义。"

从有利于水冶厂生产、管理，又有利于地质队集中力量勘探铀矿资源考虑，1961年4月，二机部决定将中南309队11分队所属下庄土法炼铀水冶厂整体移交给441矿（741矿）管理和生产。441矿接管水冶厂后，加强了领导，充实了技术力量，增加了一些防护设施，改善了生产环境，采用北京五所提取铀工艺，对原矿品位金属回收率有所提高，但仍是"土"法生产，矿石金属回收仍未达到标准要求。水冶厂持续生产3年多，由于厂房都是杉木杉皮结构，经多年的水冶生产、风吹雨淋、酸碱腐蚀，房顶漏雨，木柱腐烂，基础下沉，面临倒塌。湖南衡阳414厂（272厂）于1963年底建成投产。根据二机部十二局指示，下庄土法炼铀水冶厂于1964年11月停止生产，矿石全部运往衡阳414厂处理。

惊雷一声，威震海空。1964年10月16日下午3时，中国第一颗原子弹爆炸成功。这一成功，离不开下庄矿田，离不开下庄土法炼铀水冶厂。下庄土法炼铀水冶厂是中国核工业第一个土法生产重铀酸铵的水冶厂，从建厂到停产拆除，历时7年。在当时中国铀矿山处于建设初期阶段，一些大型铀水冶厂刚建成或未建成投产的情况下，为中国提供重铀酸铵114吨。对中国研制核武器并成功爆炸赢得了时间，完成了历史赋予它的重任，功不可没。

发展现状

在党的正确领导下，半溪村继承革命烈士遗志，弘扬革命传统，尤其是发扬“不畏艰难、敢为人先、甘于奉献、勇于胜利”的下庄精神，着力改变落后面貌。经过多年来的不懈努力，特别是近些年来的努力，半溪村以精准扶贫、乡村振兴、党建示范创建等为抓手，成为名副其实的“红色村”。

以党建引领凝聚发展合力

近年来，半溪村党支部紧紧围绕“凝心聚力谋发展，千方百计促振兴”开展党建工作，以党建引领为核心，聚合力，促发展，把党的领导覆盖到各

◆半溪村村貌（黄浩　摄）

个领域，支部战斗堡垒作用和党员先锋模范作用大幅增强。

不断优化组织。从加强支部建设入手，优化组织设置，选优配强班子，新一届支部委员5名，其中本科学历2名、大专学历3名，35岁以下2名、35~45岁1名、45~55岁1名、55岁以上1名，与上一届相比，干部学历明显提升，平均年龄下降6岁。坚持组织集中学习与自学相结合，认真开展主题教育，组织党员干部学习《习近平谈治国理政》系列丛书，学习掌握习近平新时代中国特色社会主义思想；通过《学习强国》等平台，引导党员干部开阔眼界、丰富知识、提升素质。严格落实“三会一课”、主题党日等基本制度，抓好日常，久久为功，不断提高支部规范化建设水平。

注重科学决策。半溪村在实现和巩固村级党组织对村里其他基层党组织和一切工作全面领导的基础上，凡涉及本村经济建设和社会发展的重大事项、重要问题、重要工作、大额资金使用等，均严格执行“四议两公开”制度，即村党支部会议提议、村“两委”会商议、党员大会审议、村民代表会议或村民会议决议及决议公开、实施过程和结果公开。

发挥党员作用。实行“党员网格化”治理模式，建立党员联系农户机制，即支委委员分片挂钩联系若干村民小组，党员按户籍所在地或者居住地包干联系若干户村民。严格执行民主评议党员制度，督促党员增强担责履职意识和荣誉意识。通过这些措施，组织引导党员在政策宣传、安全生产、森林防火、防洪救灾、人居环境整治等各项工作中积极发挥先锋模范作用。

以生态保护推动绿色发展

半溪村森林资源丰富，森林覆盖率多年保持在90%以上，自然环境良好，生物种类丰富。近年来，半溪村坚持生态优先，推动绿色发展，着力促进人与自然和谐共生。

坚持生态保护。为保护生态环境、保护生物多样性，2001年经翁源县人民政府批准成立半溪张光营县级自然保护区，2002年经韶关市人民政府批准升格为市级自然保护区，2010年经韶关市编委批准成立翁源半溪市级自然保护区管理所。半溪自然保护区规划面积3059.13公顷（核心保护区1546.70公顷、一般控制区1512.43公顷），是滃江流域重要的水源涵养林区，地形复杂，山高林密，保存有较典型、较完整的亚热带常绿阔叶林森林生态系统，

◆广东核工业教育基地（罗锐诗 摄）

森林覆盖率高达98.89%，生物多样性丰富，有野生维管植物156科458属767种，野生脊椎动物5纲27目86科232种。保护区还蕴藏着较为丰富的国家和广东省重点保护及珍稀濒危野生动植物资源，如白鹇、褐翅鸦鹃、虎纹蛙、福建观音座莲、金毛狗、大叶黑桫椤等。近年来，半溪村、半溪市级自然保护区管理所坚守“绿水青山就是金山银山”的发展理念，森林防火、宣传教育、资源管控等工作均收效良好。

发展生态产业。近年来，随着生态富民理念逐步深入人心，半溪村依托丰富的生态资源，因地制宜探索发展生态产业。成立4家种养专业合作社，通过合作社带动，积极探索发展花卉、灵芝种植和鲟龙鱼、鲈鱼养殖等特色生态种养业。其中，鲟龙鱼养殖和花卉种植作为新兴产业发展较为良好。半溪村“山清”自然“水秀”，优质的水源十分适合鲟龙鱼的养殖，截至2023年3月，半溪村养殖鲟龙鱼60亩，每亩效益约4000元，占养殖户年收入30%。半溪村优越的生态环境为花卉种植打下良好的基础，2020年，半溪村种植的花卉白掌被广东省扶贫办认定为扶贫产品，截至2023年3月，半溪村种植花卉白掌20亩，每亩收益约4万元。

创新绿色招商。依托优越的自然条件，2018年，嘉华康养小镇项目落地翁源县坝仔镇半溪村。该项目拟建成集温泉度假、养生、住宿餐饮、生态休闲于一体的五星级酒店，占地面积808亩，所处位置被苍山密林环抱，总体设计以“思乡、恋土”为核心思想，突出环境“静”的特点。隐秘于丛林核心区的主体建筑群是一座五星级的温泉度假会议酒店，拥有约300间客房。围绕度假酒店，低密度别墅依山、临涧而建，高层洋房昂立之上，居高临下可收获开阔的景观视野。总体布局最大限度地保留树木、溪流，并充分利用山体原貌及原生态材质，营造回归自然、返璞归真的淳朴体验感。项目预计总投资50亿元，首期投资20亿元，截至2023年3月，已完成固定资产44118万元，24层酒店主体大楼、大堂、宴会大厅已封顶，预计于2023年底试营业。该项目建成后将进一步完善翁源旅游、康养配套设施，带动各行各业发展。此外，半溪还建有一座户外营地，即华京户外拓展基地，主打“亲近自然、走进生态”理念，吸引各类团体、家庭到此开展团队拓展、亲子共建等活动。

以红色旅游激发乡村活力

半溪村红色资源丰富，尤其在核工业方面。在半溪村的下庄，广东核地质队伍创造了历史上“全国第一”的光辉业绩，即探明中国第一个大型花岗岩型铀矿床——希望矿床；找到中国第一个花岗岩型铀成矿的最大聚集区——粤北铀矿聚集区；建成中国第一条简法铀水冶生产线。2017年5月，经广东省委、省政府批准，在半溪村建设广东核工业教育基地，基地占地2.6万平方米，是一个集核军工红色文化、爱国主义教育、核科普、红色旅游为一体的教育基地。2021年3月23日，广东省核工业教育基地揭牌，受到社会广泛关注。

广东省核工业教育基地包含游客中心、下庄希望铀矿陈列馆、专家楼、供应楼、土法炼铀遗址和希望6号功勋坑道。其中游客中心为游客提供参观讲解、物品寄存、团队预约等多种服务；陈列馆为教育基地主体建筑，设英明抉择、峥嵘岁月、红色记忆、融合发展、核地科普五个展厅，生动展示核工业人不忘初心、牢记使命、砥砺前行的华彩篇章；专家楼还原了20世纪50年代末，我国核工业处于艰苦初创阶段，苏联专家在半溪村指导铀矿找矿的工作、生活遗迹；供应楼是原地质队伍的物资供应仓库，用于展示地质勘探设备、物资资料、矿石标本、地质勘查工作资料；土法炼铀遗址，即202水冶厂遗址。

广东省核工业教育基地于2021年7月被韶关市社科联列入第三批韶关市社

会科学普及基地名单；2021年10月，被广东省直属机关关心下一代工作委员会评为省直机关关心下一代工作活动基地；2021年11月，被列为广东省地球物理学会科普教育基地；同月，被评为国家AAA级旅游景区；2022年12月被列为翁源县少先队校外实践教育基地；2023年3月成为广东省社会科学普及基地，以及广东省第六个地球科学科普教育基地。截至2022年底，该基地已接待参观人数累计8万多人次，为乡村振兴注入新活力。

以环境整治营造文明乡风

近年来，半溪村紧紧围绕精准扶贫、乡村振兴工作，把辖区人居环境整治作为普惠型民生福祉工程，持续发力，久久为功，在全村范围内掀起整治热潮，让村落环境更美、颜值更高。

改善基础设施。2017年底，半溪村基本完成“三清三拆”工作，“三拆”约1.38万平方米，“三清理”450处。2019年底全面完成村内道路硬底化。2020年以来，半溪村实施农房管控及村庄风貌提升，从围仔组至河背组77户农房进行了外立面的统一粉刷装修以及铺设沥青道路3千米，村庄环境得到进一步美化提升。截至2023年4月，全村建设15处生活垃圾投放点和清运点；建成5个村小组的人工湿地污水处理设施，截污管道基本实现暗渠化；完成4个村小组标准化卫生公厕建设并投入使用，完成2户无害化卫生户厕建设，实现无害化卫生户厕普及率100%；对11个村小组实施农村饮水设施建设与改造，累计新建沉淀过滤池3座、蓄水池6座，建设集水供水管道约11千米，实现农村饮水设施全面升级改造。

树立全新理念。将增强环保意识、维护环境卫生、实施乡村风貌提升、改善农村人居环境、改进乡风文明等内容纳入村规民约。制定实施“门前三包”、生活污水处理、绿化管护、保洁员管理、垃圾收集管理、农房管控等一系列长效制度。通过宣传栏、微信群、大喇叭等广泛宣传垃圾分类、卫生健康、绿色环保等知识，引导群众共同遵守、主动作为，自觉维护整洁有序的人居环境。

营造学优氛围。制定实施卫生评比制度，将“门前三包”、房前屋后环境卫生等纳入评比内容，开展定期检查和不定期抽查，对农户环境卫生进行检查评比，年内每次均评为优秀的家庭，年底由村委统一表彰，评分差的家庭，由村“两委”干部、驻村干部入户督促整改。结合村中实际，半溪村还正在探索评比奖励制度，拟对“优秀”家庭给予一定的物质奖励。

引领群众参与。结合县、镇环境卫生方面的攻坚行动，或特殊节日等时机，定期或不定期开展志愿服务，由村“两委”干部、驻村干部、在家的党员带头，“好婆婆”“好媳妇”、退休干部职工、乡贤、“村嫂”等齐参与，全面清理整治沟河塘边、村道巷道、田间地头等重点区域，并通过村规民约建立村民“义务劳动日”制度，规定并动员村民适当参与村庄环境美化工作。

以三治发力保障社会和谐

在社会治理方面，半溪村始终坚持自治、德治、法治相结合。近年来，村内社会治安良好，暂未发现有打架斗殴、黄赌毒、与外村发生恶性事件等影响社会稳定的现象，获得了坝仔镇“平安村居”荣誉称号。

自治方面。完善村规民约，国家政策、法律法规、传统道德、移风易俗等内容均纳入村规民约。除村“两委”外，还成立村务监督委员会、村民理事会、人民调解委员会等自治组织，并健全完善维稳工作信息员队伍，建立村治安联防队、“红袖章”志愿者团队，配备配齐装备，在各自辖区内不定期进行巡察宣传。

德治方面。充分利用红色资源丰富的优势，宣传核军工等红色历史、王明健等先进典型，弘扬“两弹一星”精神。以红色基因激励党员干部乃至普通村民爱国、奋斗，守初心、承初心、践初心，齐心协力推进社会治理，并将尊老爱幼等传统道德融入村规民约，让德治逐步贯穿村民生活的点点滴滴。

法治方面。采用宣传栏宣传、大喇叭宣传、农村书屋免费借阅、微信宣传、入户宣传等方式，将法治宣传融入日常工作、生活中，做到年年宣、月月宣、日日宣，坚持宣传预防为主，防治结合。以“大事不出村，小事不出组”为调解纠纷的准则，树立村民法治“防火墙”，确保全村社会安全和政治稳定。

以民生建设助推共同富裕

长久以来，半溪村“两委”坚持为民谋利、服务民生。干部推动致富，党员带头致富，致力公益事业，促进共同富裕。

坚持为民谋利。积极向上争取资金，完善本村基础设施建设。领办创办了一家专业合作社，即翁源县致兴源农业专业合作社，带动村民发展鲟龙鱼养殖、花卉种植等特色农业，引领村民脱贫致富。鼓励党员带头致富，鼓励乡贤返乡创业，其中华京户外拓展基地、一些大型鲟龙鱼养殖场等均为半溪当地乡贤或党员创办，他们在带动经济发展的同时，也为附近村民创造了一定的工作岗位，解决了部分村民的就业问题。

坚持服务民生。半溪村集体收入主要来源于水电站管理费、生态林分红、花卉分红、光伏发电、山林管理费等。加上党群服务群众经费、上级下拨的专项经费，除小部分用于村“两委”日常办公外，大部分均用于村中道路、水圳等基础设施的建设、修缮，村内卫生保洁，村民普法宣传等民生服务事项。其中2022年，修缮道路、水圳、挡土墙等基础设施工程21个，共计803940元；开展6月13日暴雨造成的水灾灾后修复工程10个，共计446900元；慰问死亡、生病村民及村中老人等110人次，共计10200元；另外还开展了奖励考取重点大学学生、维修村内太阳能路灯等项目。

（作者：杨晓鸿，翁源县史志办公室）

新丰县遥田镇江下村

江下村，原名江石村（原江石村包含联丰村、江下村、竹岭村、石教村），地处新丰县遥田镇南面，与竹岭、联丰等村相邻，下辖南门、楼门、下楼、塘滩、三坪、湾子6个村民小组。全村面积4.67平方千米，共有村民369户1391人。设党总支1个，下辖第一、第二党支部，全村有党员56名，村“两委”干部5名。2022年，江下村集体经济收入8万元。大革命时期的农民运动，风起云涌，席卷神州大地，也冲击着新丰这座山县。民国十六年（1927年），新丰县成立“新丰县农民协会”，实行“二五”减租，农民得到实惠，参加农会十分踊跃，新丰县人民为了寻找真理，探索革命的道路，不少贤达志士投身到革命洪流中，接受革命熏陶，跟着共产党浴血奋斗。2017年12月，江下村被广东省委组织部列为党建示范工程“红色村”。2022年1月，被中央组织部列为开展组织振兴建设红色美丽乡村试点村。

红色简史

抗战时期遥田镇江下村的革命活动

1939年2月，中共东江特委为开辟新区，派李光中前来新丰县开展建党工作。4月，在锡场建立起新丰县第一个党小组，赵准生为组长，开始了“发展组织，推销党报”的建党工作。10月，成立中共新丰县第一个支部——中共新丰县马头支部。

1940年11月，成立中共新丰县中心支部。1941年5月，成立中共新丰县工作委员会，党组织得到迅速发展。

1941年8月，新丰党组织派郑选民、谢国璟前往西区沙田等地开辟新区，发展党组织。同时，安排党员梁础任遥田中心小学教导主任兼军民合作站副站长。

1944年秋，中共党员李先士受命来到遥田镇江石村（现江下村）开展抗日宣传和革命活动。次年4月，李先士又安排地下党员李爵以行医为掩护到遥田镇江石村开展工作。在江石村小学进步教师的支持下，20多位进步师生成立了“学生会”，他们自编话剧、传唱抗日歌曲、张贴抗日标语，宣传抗日救亡思想。他还秘密组织赖苍天、赖道强等20多人参加了“贫民小组”，组织群众开展抗租减息、退租退息斗争。在宣传活动的影响下，当地村民的抗日热情高涨，为之后开展游击战争奠定了思想基础。

1944年农历十二月二十日，日军一个排30余人进犯遥田镇江石村，到处抢粮食、抢生产物资。群众看到日军的侵略行径，怒火万丈。当时的遥田乡乡长赖景勋为人正直，在当地颇有威望。他派赖道强、赖道捷、赖赵剑等8人潜入日本军队在遥田镇沙墩园的宿营地，趁日军麻痹大意时，夺了日军三八

◆江下村雕塑——《革命功高》

枪1支、黄水牛2头。日军发现时慌忙鸣枪，但8人已经迅速撤退转移了。

1945年初，东江纵队分别组建北江支队和西北支队，深入粤北敌后，开辟抗日游击区。邬强、李东明带领东纵一支队挺进英德县东部，正式授予"广东人民抗日游击队北江支队"番号，建立英、新、佛边区抗日革命根据地，开展敌后游击战争，实现了挺进北江的第一步。赖景勋积极拥护共产党的主张，听闻北江支队北上活动，专程到英德县东部找到邬强支队长，要求参加北江支队。他的请求没有立即得到明确的答复，但赖景勋的名字却给支队领导留下了深刻的印象。

当时，由李先士率领的北江支队独立一大队在新佛边区活动，队员李爵的父亲刚好在遥田教过书，与赖景勋关系友好，他便主动提出接触赖景勋。5月，李爵来到遥田镇江下村，就住在赖景勋家中，与赖景勋长期共事，开展宣传活动。在党的启发和帮助下，赖景勋毅然投奔共产党，带领乡公所的部分人员参加了北江支队。

1945年春，遥田镇第一个党支部——新长乡党支部在遥田镇大埔村竹林古寺成立，李适存任支部书记，韩其元任组织委员，朱如义任宣传委员，归佛冈县二区区委领导。随着党组织的建立，遥田镇人民的革命斗争有了党的领导，开启了百折不挠的奋斗征程。

1945年7月，为进一步发展抗日民族统一战线，团结各阶层人士共同抗日，东江纵队政治部向全军发出建立抗日民主政权的指示精神，北江支队支队长邬强亲自到遥田镇，与赖景勋商量建立乡民主政权事宜。就这样，新丰县第一个抗日民主政权——遥田乡抗日动员委员会正式成立，同时还组建了遥田抗日自卫大队，由赖景勋担任主任和大队长，李爵任副官。

1945年8月15日，侵华日军宣布投降。10月10日，国共双方签订了《双十协定》。东江纵队奉命北撤山东，北江支队的一部分同志编入东纵主力北撤，包括赖景勋在内的大部分同志复员回乡。为控制广东，国民党反动派调集了大量兵力，对东江根据地及东江纵队活动过的地区实施“清乡”“围剿”。遥田镇江下村、马头镇羌坑村、磜头乡黄沙坑村等抗日根据地被轮番“扫荡”，国民党反动派每到一个乡镇，就建立反动自卫队，肆意搜捕、屠杀人民群众。当时，遥田反动自卫队中队长潘英华与白沙队长张子善、烟岭队长李日华，配合顽军强迫我党复员人员及军烈属交枪、交粮、交款，肆意逮捕杀害。

恢复武装斗争，遥田大队成立

面对国民党反动派的血腥屠杀，1946年8月18日，广东区党委发言人在《华商报》发表谈话，号召各地留守隐蔽人员重新拿起武器，开展自卫斗争。赖景勋积极联系隐蔽的同志，动员复员人员归队、发动群众参军，扩大武装部队，就这样，遥田地区人民在赖景勋的领导下又恢复了武装斗争。

1946年9月下旬的一个晚上，遥田赖景勋得到消息：英、新、佛三县边区自卫队头目，包括遥田的潘英华、白沙圩的张子善、烟岭的李日华等人，正策划向遥田、径头山区“扫荡”，企图联合对我方进行“围剿”。经过研究决定，朱继良率邱振英手枪队到遥田与赖景勋武装小分队会合，先把潘英华队吃掉，晚上9点，他们到达遥田镇江下村。当时，潘英华命人把遥田圩一间祠堂用木板隔开，当作他们的驻点。邱队长装扮成农民模样，担着犁头，牵着耕牛，在祠堂外围先侦察了一番。等天一擦黑，立刻率领众人沿小溪匍匐前进，悄悄溜进祠堂。手枪队突击组勇猛冲击，进入敌人驻地喊道，“缴枪不杀！”酣睡的敌人被突如其来的喊声惊醒，连裤子也没来得及穿上，连忙从床上爬起来，乖乖举起双手。最后，我军活捉了潘英华等38人，缴获枪支30多支，并将一贯为非作歹、作恶多端的潘英华当场处决。

1946年冬，在江北人民自卫总队的领导下，新从佛人民自卫大队成立，赖景勋任队长。自此，遥田大队这面团结人民群众开展自卫斗争的旗帜，在党的带领下，飘扬于新从佛边界，成为恢复武装斗争的一个前哨阵地。从1947年开始，广东区党委陆续派同志到新丰县，担任遥田大队政治委员（或教导员）。当时，大队虽只有30多人，却已建立了人民部队的教育制度和政治工作制度。大队积极宣传党的政策，发展统一战线。1947年春、夏间，先后收服了沙田区区长潘涉波、新长乡乡长温必通，这使大队的影响力很快扩展到整个新丰县西区，队伍也迅速扩大至100多人。当时，隶属于江北人民自卫总队的遥田大队，甚至还抽调了一半多的人、枪到总队，这是遥田大队首次向上输送力量。

1948年2月，按照上级指示，新丰县开始实行“大搞”，即放手发动群众，发展武装，在游击区分田地，分地主浮财，总队决定在遥田镇设立土改试点。遥田镇是老游击区，群众觉悟高，土地改革在遥田镇迅速开展、全面展开。7月初，遥田镇召开分田胜利庆祝大会，群众敲锣打鼓，燃放鞭炮，庆祝农民翻身、土地还家。

遥田土改的胜利和许多地方停租废债斗争的开展，掀起了贫苦农民翻身闹革命、踊跃参军的热潮，甚至一些妇女也要求参军。1948年5月间，总队调整部署，决定组建西北区主力。赖景勋积极贯彻执行上级决定，再次抽调力量向上输送，组建西北区主力大队——“西北风队”。遥田大队与西北风队相互配合，继续在新佛边界活动。就这样，主力队、地方队和广泛的民兵队伍三个层次的人民武装发展形成，武装斗争转到新的起点。

1948年春的一个夜晚，新英佛边区联防队主任张庭善勾结国民党军一个营，伙同英德白沙联防队张亚善、潭头邓日池联防队共约300人，兵分三路偷袭围攻遥田镇江下村，企图活捉赖景勋。当时，敌人包围了梅坑（现金山村）民兵队伍驻地遥田梅坑大楼，恰巧遥田大队西安队从外地返回，发现了敌人，立刻展开战斗，压制了敌人的冲锋。其他地方的武工组、民兵30多人闻讯立刻赶来支援。他们先抢占了一个山头，然后向敌人开火，与敌人激战了一天一夜。最终在村民的配合下，民兵通过挖洞全部突围。敌人怕被反包围，连同伙的尸体都不敢运走便火速窜回了老巢。

1948年7月18日，英新佛三县联防主任陈乐夫勾结国民党正规军和保安团各一个营，伙同白沙、沙田等地联防队，分三路再次进犯遥田，来势汹汹！赖景勋率大部队旋即撤出圩镇，分散行动。当时，陈乐夫带领的一个保安团约150人到达遥田，企图消灭遥田党组织和游击队。赖景勋立刻通知各游击队隐蔽，伺机打击敌人。谁曾想隐蔽在茶江村牛栏塘的10多名游击队员被叛徒出卖，遭到了陈乐夫反动派的疯狂围杀！最终，5名战士光荣牺牲。

1948年11月下旬。当时，遥田大队获悉国民党保安团一个连将于近期从沙田去遥田征粮，总队曾东同志觉得这是消灭驻剿连的好机会，遂决定联合西北风队，当晚即前往猫笼坳埋伏，主动出击。翌日中午，猫笼坳伏击战打响，不到半个小时，敌人溃不成军。最终我军歼灭了敌人一个连，遥田圩终于重获解放，遥田人民反"清剿"斗争也终于胜利。猫笼坳战役后不久，遥田全境终于迎来了解放。

猫笼坳伏击战后，人民武装乘胜追击。1949年春，遥田大队在民兵的配合下，先后瓦解了沙田、新南乡新岭下的联防队。3月的一个晚上，遥田大队获知，张庭善准备再次"围剿"游击区。人民武装决定突袭他的老巢，樟树湾村。当时，张庭善命人用松、杉、杂木把村子围了一堵围墙，只留下三个通道路口。我军进村后，找到村里的头面人物谈话。他们见是游击战士，浑身发抖，敌联防队员一个个缴枪投降。人民武装未放一枪，联防队全部瓦解，捣毁了张老巢的围墙，一举解放樟树湾，老百姓拍手称快。就这样，新丰西区连成了一片，新佛边和新翁边已完全贯通，遥田镇也成为人民武装的重要根据地。

1949年6月13日，新丰县城解放，成为粤北地区第一个依靠地方力量得以解放的县城。遥田大队配合其他部队先后解放了佛冈二区、沙田等地，与遥田解放区连成一片。其间，赖景勋再次抽调最好的枪支、骨干力量输送到主力部队，这是遥田大队第三次向上输送力量。

中国人民解放军粤赣湘边纵队北江第一支队成立

1949年8月1日，正在遥田、沙田休整的北江第一支队决定在遥田镇江下围举行集会，庆祝中国人民解放军建军22周年，并正式举行"中国人民解放军粤赣湘边纵队北江第一支队成立典礼"。当时，不仅遥田、沙田的群众和战士齐聚江下围，附近佛冈、翁源、英德、曲南等地的百姓、战士也都过来参加大会。这个近万人参加的空前盛会在遥田召开，遥田人民十分自豪，村民们早早把村子、房屋打扫得干干净净，热烈欢迎、接待来自附近各地的武装部队和群众代表。大会召开当天，整个江下围红旗飘飘，锣鼓喧天，“八一”军旗在纪念大会场中冉冉升起。大会开始时，支队司令员兼政委何俊才发表讲话，他号召滃江地区军民，在中国共产党领导下，再接再厉将革命进行到底。会后，北江第一支队还专门送给遥田人民一面锦旗，上面绣着四个字——“革命功高”，表扬遥田镇人民这么多年坚强不屈、英勇斗争的精神。此次大会有军民万余人一齐参加，当地人们都称其为“万人大会”。

发展现状

江下村是革命战争年代遥田镇周边革命活动的中心，抗日战争时期东江纵队开展武装斗争的革命老区村庄，也是中国人民解放军粤赣湘边纵队北江第一支队成立的地方。近年来，江下村弘扬“香樟精神”，传承红色基因，打造香樟公园，建设北一支广场、“思廉池”“思源井”“初心路”等缅怀先烈红色教育基地，成为党员群众党史学习教育的“网红打卡点”。该村结合举办荷花节、丰收节、“抢丁酒”等活动，宣传美食“遥田六大碗”、荷香特色小吃等，全力助推旅游发展，带动村民致富，“美丽经济”加注乡村振兴动能，走出一条具有红色基因的乡村振兴发展道路。

构建“融合”经营模式，发展乡村产业

江下村坚持红色为底、产业为基，主动探索一条党支部+公司+合作社+农户的联农带农发展道路，将遥江莲作为江下红色廉洁文化发展的主导产业，打造成“一村一品”，初步形成农旅融合的生态农业发展模式。江下村围绕遥田镇党委政府“三抓一守”发展思路，把抓农业产业优化放在首位，积极探索一、二、三产业融合模式，打造田园综合体，对种植、加工、观光产业链进行综合开发，努力实现“兴一方产业，活一方经济，富一方百姓”。遥江莲种植农民专业合作社通过土地流转有效整合农村分散土地发展种植太空莲子近400亩，形成了“藕尖+莲花观赏+莲子+莲藕+荷花鱼+荷塘鸭”的立体生态循环种养模式，亩产值11500元以上，构建起“合作社+农户+基地”的经营模式，带动长期就业约30人，遥江莲产业基地成了遥田产业兴旺的“新样板”。江下村与镇内绿源生态农业有限公司合作，共同投资打造集红色研

学、农业研学和体验为一体的江下村红色农旅服务（研学综合田园）项目，同时鼓励村民将自身发展与红色旅游结合起来，开发红色餐饮、销售优特产品、出租民宿等，大力发展红色旅游产业，为“红色村”的产业振兴奠定坚实基础。江下村利用红色资源禀赋，引入投资合作者共同出资合作经营红色农旅研学综合项目，建设幸福江下驿站，采取物业和广告招租，发动农户生产销售特色农副产品伴手礼，项目落地后可为村集体经济增收7.8万元。推进土地流转发展经济，抓住遥田镇大力支持发展特色产业推动乡村振兴机遇，引进蛋鸡养殖产业项目落户江下村，项目落地后可为江下村集体经济增收5万元。

实施“青苗”培养工程，激发乡村活力

江下村大力实施“青苗”培养工程。调整驻村干部队伍，通过专人帮带、跟岗锻炼等方式，优化驻村队伍年龄结构，选派驻村第一书记及村主任助理为村谋发展、探思路、解难题。加强“两委”干部队伍建设，组织参加村居“两委”干部提升履职能力示范培训班，以学促干，为干部队伍“充电

◆江下村红色文化展厅

赋能”，组织干部到翁源县黄洞村、始兴县风度村等地学习，借鉴美丽乡村建设的先进经验，启迪思路，开阔视野。大力培养后备干部，后备干部均来源于35岁左右的退伍军人、大学毕业生和种养能手，实施“一对一”帮带和跟岗学习，建设一支强有力的后备队伍。鼓励返乡创业，在乡村振兴的浪潮中，通过支部号召，不少外出人才积极返乡，为产业发展创造更多的就业岗位，带动农民致富，如遥江莲产业基地长期可以实现30多人家门口就业，返乡农民工匠赖永灵长期雇用10余人在本村实施农村小型工程项目。村“两委”干部统一工作服装，提升精气神和工作面貌，完善村“两委”干部包组联户网格及工作分工分责，健全密切联系服务群众机制，提高服务水平。

利用“红色”资源，助推文化产业

江下村活化利用本地红色资源，做好“红色+”文章，充分传承红色基因。整合全镇红色历史，编制《遥田红色印记》书籍，展示全镇的武装革命斗争历史和历史名人事迹。在北一支取水处修缮红色遗迹“思源井”，打造教育人们饮水思源、不忘党恩的“初心井”。推动红色文化与廉洁文化深度融合，改造江下村“五级莲池”，打造“学廉桥、思廉池、悟廉亭、践廉路”红色廉洁精品路线，以“莲”寄思于“廉”。建成户外党校北一支纪念广场，打造党员教育和爱国主义教育基地以及以“北一支”成立旧址为中心的“初心林”红色连片宣教区。推出“参观一次红色、爱国、廉政教育基地，观看一部红色短片，唱一首红歌，重温一次入党宣誓，走一遍红色之旅”的“五个一”教育流程，开展红色教育培训，多形式、多层面唱响红色品牌，讲好红色故事。利用北一支成立大会旧址，开展革命传统教育活动15次，接受教育的党员群众超过约400人次；依托党群服务中心开展红色故事宣讲活动、革命传统教育活动32次，累计培训党员群众约805人次；邀请遥田中心小学于每周四安排学生到江下村开展红色教育，让广大学子熟知本镇红色历史，形成传颂红色故事的良好氛围。传承传统文化，从村“两委”干部、村文艺爱好者选取13名具有一定舞蹈基础的人员组建表演团队，编排“担丁酒”表演项目。修订《江下村村规民约》，引导村民自我管理、自我约束，组织开展评选活动，评选出“文明户”“最美庭院”各20户，“最美婆媳”20人，“最美乡贤”12人，通过评选活动，充分发挥先进的示范带动

◆江下村党群服务中心

作用。江下村以开展推动遥田镇江下村组织振兴建设红色美丽乡村试点工作为契机，投入1082万元，建设“一展厅一基地”红色旅游精品线路，打造红色实景教学课堂，营造幸福江下红色沃土红色美丽乡村，进一步完善“初心林”“初心路”“思源亭”“思源井”“思廉池（五级莲池）”建设。2022年10月，江下村整合村旧党群服务中心和周边地块，投入约200万元建设占地约260平方米的江下村红色文化展览厅。2023年6月，遥田镇江下村红色文化展厅揭牌启用，标志着江下村打造红色美丽乡村迈入新的阶段，也将成为全县红色教育的重要阵地。

科学规划先行，打造美丽乡村

江下村坚持以项目规划建设为载体，以改善民生为落脚点，用科学规划引领美好乡村建设，高标准编制《江下村美丽乡村规划设计》，做到“不规划不设计，不设计不实施”，规划中以地方特色和群众意愿为出发点，尊重自然美，构建整体美，邀请专业的设计单位，依据江下村区位条件，资源禀赋、经济基础、产业特色、生态环境、文化底蕴等元素，制定出符合江下村实际、独具区域特色的美丽乡村建设规划。完成江下村口至樟树公园路口路段总长度为1622.9米的“白改黑”工程改造。进行主干道“三线”整治，完成主干道的通讯线、广播线、党群服务中心周边的电线下地和变压器迁移工程，进一步美化主干道环境。推进保洁工程，购置300个保洁桶派发给农户，村里配备电动垃圾收集车，定时在村收集垃圾，美化村容村貌。完成村口墙绘、荷花主题路灯、机耕路亮化、党群服务中心道路拓宽、五级廉池改造升级、樟树公园植被整治、授予“革命功高”旗帜雕塑、红歌广场、樟树公园路灯美化亮化、360米初心路步道铺设工程，增设刻画北一支历史石凳、红色故事宣讲平台、担丁古巷墙绘升级和古巷内部优化升级等的建设，营造浓厚的红色文化氛围。开展村庄环境整治，推进生态建设。该村一直以来将农村环境整治作为农村生态宜居建设的重点工作，积极擦亮“国家森林乡村”这一名片。一是成立党小组，建立党员志愿服务队，设立党员责任岗、党员先锋岗等，在新农村建设中发挥组织带头作用。二是通过发挥卫生保洁员、生态护林员等公益性岗位作用，结合“三清三拆”和禽畜圈养制度推进人居环境整洁工作。三是升级改造香樟古树公园，做好美化绿化工作，在休闲步道草皮与原石间，在闲置土地、房前屋后种植红色紫薇、兰花草、百日草，形

◆韶关市非物质文化遗产《担丁酒》

成花开四季的优美环境。

强化组织建设，发挥基层治理能力

江下村党支部充分发挥党员先锋模范带头示范作用，引导村民发挥主体力量，共同打造“一路一巷一树一花一景观”，提升村民的宜居环境。积极开展党员承诺践诺，每名党员结合村域经济发展和群众所需所盼，实行年初承诺、平时践诺，年终结合民主评议党员践诺结果，让每名党员参与村域发展与治理，让红色江下更有魅力。江下村紧紧围绕抓党建促乡村振兴主线，通过突出组织功能来规范基层治理，在“红色村”打造中充分发挥基层党组织堡垒作用，完成党群服务中心的迁移改造，打造集政务服务、党群活动、综合治理、服务群众、协商议事、功能展示等多功能于一体的、党员群众最喜欢去的“温馨家园”。建立党支部+党小组+村民理事会的基层治理模式，由在村党员、有威望的人担任村民理事会成员，解决“红色村”在项目落地时的土地征拆难和群众重大矛盾纠纷等棘手问题。规范“四议两公开”，涉及村重要事项决策，利用支部微信群征求外出党员意见，提高决策透明度。

（作者：冯伟平，新丰县史志办公室）

乳源瑶族自治县乳城镇大东村

大东村位于乳源瑶族自治县乳城镇西南部，东邻乳城镇前进村，南与武江区江湾镇交界，西连乳城镇岭溪村，北与乳城镇健民村丽宫旅游景区相连，距乳城镇政府约6千米，距离乳源瑶族自治县县城约10千米，距离京港澳高速公路入口约11千米。全村总户数1140户、总人口4210人，下辖29个自然村，坳头村为瑶族村，其余均为汉族村。山地面积11.2万亩，耕地面积5380亩，森林覆盖率90%。2022年，村集体经济收入17.44万元，村民人均可支配收入1.9万元。设党总支1个，委员6名，党员77名。2018年7月，大东村被韶关市委组织部列为党建示范工程“红色村”。

红色简史

积极加入抗日宣传队

1938年冬，乳源抗日宣传队成立，全队共有30人，刘梦晖任队长，袁韵清校长负责指导编排白话剧，林自刚指导文艺歌咏，宣传队队部设在文奎下街陈家宗祠。大东村村民杨梓叉、刘善石自带被褥，自备伙食，自愿报名加

◆ 大东张屋村炮楼

入乳源抗日宣传队。连续一个多月，乳源抗日宣传队队员日间练习“大战台儿庄”“七七卢沟桥事变”等话剧，夜间在乳源县城四街（上下街、洲街）演出短剧；逢“四、八”圩日则到附近大东村、云门乡（现云门村）、庙背等村庄，教群众唱“国旗飘，国旗摇，大家背着枪，勇敢赴沙场，不怕死，不偷生，保卫我们祖国，保卫我们家乡，一！二！保卫我们祖国，保卫我们家乡”等抗日歌曲，深受群众欢迎。

1940年春，广东省政治工作总队干训团派遣人员来乳源物色抗日骨干，九仙乡林庆保、张仙棋、肖志强、杨梓权（后3位为现大东村人）4人通过物色考试，由陆宗琪带领到南雄修仁村省干训团政治工作班参加为期2个多月的训练。受训结束后，刘梦晖带领这些骨干返回乳源，开展为期2个多月的抗日宣传活动，住下街陈家宗祠。不久他们被解散，肖志强等人回到自己村里继续宣传抗日救亡思想，揭露日本侵略者的罪行。

经过多次宣传，乳源民众抗日意识大大增强，救亡图存的浪潮空前高涨。

“三三”民变掀起群众性抗日高潮

1945年1月，韶关沦陷，乳源危在旦夕。时任国民党乳源县县长王辉不但不积极领导抗日，反而变本加厉地鱼肉百姓，指使手下洗劫县城附近的村庄，群众苦上加苦却投诉无门。为改变抗日被动局面和保群众一方安宁，2月19日，九仙乡人林庆保、肖作非、陈福成、陈松年（后3位为现大东村人），鼓大乡付荣龄、张作舟、林坤，云峰镇张汝舟等20余人在九仙乡公所召开碰头会，碰头会由刘梦晖主持，会议分析了乳源县城的局势并讨论如何与王辉谈判。

3月3日，谈判代表与国民党兵团副团长车耀光一起到达乳源县府，对王辉提出三条意见：一是停止对人民群众滋生事端，敲诈掳掠；二是立即组织群众领导抗日，对群众已经组织起来的队伍，赶快开仓发粮，配备枪支弹药；三是发扬民主，广开言路，改善官民关系。王辉拒绝开仓发粮，配备枪支弹药，谈判以失败告终。

谈判结束后不久，车耀光即遇害，乳源人民群众愤怒万分，随即爆发了“三三”民变。乳源九仙乡、鼓大乡、云峰镇3个乡镇集结了1000多名武装群众围攻县政府，要活捉王辉，为车耀光主持公道。经过几天的争夺战，虽未能抓到王辉，但打开了一个新局面，搬走了抗日的绊脚石，顺应群众高涨的抗日热情，成立了县城临时行政机构——云峰镇公所，领导全县群众积极开展抗日斗争。

英勇抗击日本侵略军

4月29日，日本侵略军兵分三路（一路由韶关经侯公渡，一路从桂头经扁山，一路从桂头经云门）扛着步枪、架着迫击炮入侵乳源县城。国民党乳源反动政府军队不顾群众死活，闻风而逃，日本侵略军没有受到任何抵抗便占领了乳源县城，乳源沦陷。

乳源沦陷期间，乳源河两岸的群众大部分逃到大瑶山、双峰寺等地避难。九仙乡群众不甘当顺民，时刻想办法打击敌人，赶走敌人。一天，二三十个日本侵略军由汉奸黄立峰带路，渡河到九仙乡河头（现健民村河头），一到河头坝，便遭到村民肖作非（现大东村人）率领的自卫队伏击，敌人仓皇而逃。此后，敌人和汉奸再也不敢踏进九仙乡。

7月4日，驻乳源的日本侵略军全部撤退至韶关。当晚，九仙乡及附近群众听到敌人撤走的消息，组织100多人的武装到税场（含锑厂）截击，缴获了20多支步枪。次日清晨，武装队伍又开到乳源县城捉拿汉奸，县长陈为民、维持会会长罗坛登闻讯逃走，徐天祥、朱日时2名汉奸落网。

在乳源县城沦陷的2个多月里，日本侵略军的活动范围仅仅限于一河两岸。九仙乡自卫队和群众多次配合乳源县抗日自卫团龙南大队杨寅恭，采用化整为零的方法打击敌人，一定程度上打击了敌人的嚣张气焰。

农民自救会助力反三县“联剿”

1947年3月，李冲改任中共英（德）乳（源）阳（山）边地区特派员，专管英德浛洸以北的农村武装斗争。李冲指示党员、民主青年同盟盟员大力发展群众，秘密组织农民自救会。农民自救会秘密宣誓入会，采用单线联系，间有集体活动，不编组，不设负责人。1948年7月，中共英乳阳边特派员巫大杰派农民自救会会员聂钰到大东上座、蛇子岭、新塘黄屋、阙屋等村发展了刘神养、刘神保、刘福成、刘亚神、张仙煌、阙富、黄亚义7人加入农民自救会，做好武装斗争的群众组织准备。

11月29日，李冲、彭厚望与谭颂华、何远率领3支队伍在英乳边区胜利会师。国民党广东第二“清剿”区得悉这3支人民武装挺进乳南后，指派英德县自卫总队副总队长陈成英率队进驻乳源大布侯屋，英德三山乡自卫中队黄昌率队进驻英德莲塘洞，国民党乳源县长卢崇善率队进驻东坪和洛阳白竹，曲江县交警与地方团队蓄势待发，企图实行英、乳、曲三县“联剿”。

与此同时，乳北反动自卫大队大队长沈世雄率队进驻大东肖屋村，大肆抢掠群众财物。12月7日上午，李冲率部队行军到达大东磨刀坑村，计划联合农民自救会会员去肖屋消灭沈世雄自卫大队和从白竹溃逃的卢崇善部，但沈世雄已撤离肖屋，卢崇善也返回县城了。

李冲安排部队人员联合当地农民自救会会员，到大东上座、新塘等村，向群众开展宣传活动。大东村村民互传消息说游击队四五百人已到达大东村，准备攻打乳源县城，吓得卢崇善连夜逃出县城。

上座保卫战

解放战争时期，大东上座村是英阳乳曲人民反蒋抗征队在乳源平原地区的一个重要据点村，也是英阳乳曲人民反蒋抗征队所属东山队的常驻地。1949年2月，活动在乳曲边区的石牯塘武工队人数扩大到中队规模，并以乳南的大东山取名为东山队。为把活动范围伸展到乳源县城周围，东山队队长聂玉，周平、杨博、李巧、钟保、巫耀增、李三、李田、江星等队员进入大东上座、蛇子岭、新塘黄屋等村隐蔽活动，吸收人员参队。平时住在上座村后面石山的大石岩，受到上座村刘神养（聂玉同志的同年）、刘神保、刘成、刘福成等人的接待。此后，东山队驻扎在上座村，开展地方武装斗争，工作进一步巩固，队伍发展更加壮大，各村群众大力支持和秘密掩护东山队的活动。4月，大东上座民兵中队建立，中队长为刘神养。

6月18日，东山队及江湾部分上座民兵中队队员进驻大东肖屋村，在附近一带进行反对打内战、反对苛捐杂税、反“三征”等宣传活动，动员群众支持游击队，开展统战工作。他们在肖屋村待了两天。其间，肖屋村村民热情地接待了东山队，大东张屋村村民还抬来2头大猪慰劳队员们。6月20日，

◆大东上座保卫战遗址纪念碑

东山队转移驻大东上座村。翌日早晨，国民党乳源县警等反动武装前来“进剿”，东山队撤离上座村，转移至附近山头，上座村村民偷偷给东山队送饭，随后东山队翻过大山到达江湾围坪。

6月21日晚，英阳乳曲人民反蒋抗征队和大布、江湾民兵共500多人，从游击区（大布、江湾）出发，到了新区乳源瑶族自治县大东上座村。这次军事行动的主要目的是在乳源城郊开辟新区，扩大政治影响，筹集粮食。部队刚刚驻扎下来，就收到情报称有国民党正规军驻扎在乳源县城。为防备敌人突然袭击，部队果断于半夜全部转移。部队领导指派东山队队员李青留下执行联络任务。

6月22日拂晓，国民党第六十三军1个营纠集乳源县保安营以及云峰镇、清江乡反动团队五六百人包围了上座村，李青和上座民兵中队队长刘神养率领民兵20多人迎敌。上座村周围设有木栅栏，当敌人破拆栅栏进村时，民兵就开枪射击，敌人始终无法攻入村子。李青和刘神养、刘神照、刘神涛4人守在村旁的炮楼上，居高临下，一下击毙敌人2名。不久，10多个敌人沿着水渠向炮楼扑来，企图破门，刘神照等人把放在炮楼顶的土炮（抬枪）抬下来，装上火药铁砂。“轰”的一声巨响，敌人被击倒一大片。激战中，外出的刘福成回村，提起1挺机枪钻到敌人中间灵活射击，敌人误以为游击队从背后打过来，慌忙开枪射击，结果自己人互相打了起来。战至中午，敌人狼狈撤退。此次战斗，以少胜多，以弱制强，毙敌5名（其中排长1名），伤敌30余名，缴获步枪3支、子弹数百发。民兵刘裕庆负轻伤。

6月23日早上，英阳乳曲人民反蒋抗征队派杨博到上座村。杨博认为敌人不会善罢甘休，一定会进行报复，动员全村群众坚壁清野，撤离疏散避敌，留下部分民兵在附近山头上监护村庄。

6月26日，敌人果然重新组织兵力再次攻打上座村，结果扑了个空，便放火烧毁炮楼和60多间民房。国民党乳源县九仙乡乡长杨新、副乡长吴炽洪还恐吓利诱，要求上座村派代表谈判，并声称：只要交出枪支来，就能保证村子无事，大家可以平安回家。经过深思熟虑、再三合议后，上座村派出邓永娣、罗亚秀、刘钟氏3名有知识、善讲话的妇女到九仙乡公所谈判，敌人一再要求上座村交枪，直到谈判结束，代表们都坚决不答应，上座村群众取得政治斗争的胜利。

解放前后二三事

10月2日，国民党乳源县县长廖仲民派出保安营、自卫总队、三乡镇自卫队包围大东蛇子岭村和新塘黄屋村，抢掠后，将蛇子岭的张仙祺等青年20多人和新塘黄屋村全村群众捉回县城严刑拷问。张仙祺被吊上大树打至休克，仍不屈服，随后以满身伤痕为证，痛斥敌人穷凶极恶。新塘黄屋村黄福源等4人被指控为招待红军的首要分子，惨遭毒打，但他们仍坚持革命精神，并准备随时献出自己的宝贵生命。至10月9日拂晓，乳源县城解放前几个小时，廖仲民还强迫张仙祺等20多人做挑夫，挟持他们逃跑至乳源北部。10月28日，廖仲民被迫去乐昌水牛湾向中国人民解放军二野驻军投降缴械后，张仙祺等20多人和新塘黄屋村全村群众才由解放军解放回家。

10月，中国人民解放军陈赓兵团某部，南下追击溃退的国民党反动派残敌时，途经乳源桂头、一六取道侯公渡，越过大东么刀坑村等地进入大布，直指英德，穷追包抄逃敌。经长途跋涉，解放军到达大东山之时，个个已汗流浃背，行动困难，大东村村民及沿路的群众见此情景，纷纷给解放军送水送饭，帮助南下大军克服困难。

乳源县城解放后，中国人民解放军第四十一师第一二一团在县城逗留了2天，便继续南下追击国民党残余部队。同时，驻扎在侯公渡的第一、二、三团也经过九仙洞牛尾岭前往江湾，乳源县城一时处于真空状态。乳源当地反动分子和土匪四处活动，造谣惑众造成人心惶惶的混乱局面。10月17日，中共乳源县委接管乳源县城，当晚，县委副书记丁兆臣主持召开会议，讨论研究接管和开展工作措施，决定立即采取突击行动，捉拿顽固反动分子和首恶土匪。经过一天两夜围剿和持续在大东村及附近几个村庄追击，捉拿反动分子和土匪80余人，群众人心逐渐安定下来，各村也恢复了祥和。

发展现状

党的十八大以来特别是开展“红色村”创建以来，大东村抓住时代机遇和工作契机，坚持生态发展优先，依托红色资源特色优势，实施乡村振兴战略，经济社会得到较快发展。获评为“广东省第一批国家森林乡村”。

发挥党建引领作用，全面推进乡村振兴

加强制度建设，优化党组织管理。村党总支认真履行党建工作责任制，书记带头履职，其他委员履行分工职责，把党建工作责任牢牢抓在手上。落实《中国共产党支部工作条例（试行）》，深入抓好支部规范化、制度化建设，执行“三会一课”、主题党日制度，优化完善党组织学习制度、支部工

◆ 大东上座村航拍图

作制度、发展党员、交纳党费等各项规章制度。通过加强制度建设，提高村级党组织的战斗力和凝聚力，发挥党员的先锋模范作用。

注重决策导向，强化党的领导作用。为强化村党总支在基层党组织和一切工作中的领导地位，大东村党总支坚持把增强基层党组织的领导核心作用贯穿于工作全过程，始终坚持联系实际，严格落实“三会一课”制度、定期上党课，召开组织生活会；通过开展组织生活会，认真贯彻落实习近平总书记的重要讲话精神，充分发挥农村党员在联系群众和服务群众中的先锋模范作用，以群众生活需要、社会治理需要、工作开展需要为出发点，在涉及本村经济建设和社会发展中的重大事项、重要问题、重要工作和大额资金使用等事项决策时坚持民主集中制原则，经集体讨论研究决定。

树立标杆意识，发挥党员带头作用。村党总支结合配合推行镇领导班子、干部职工下沉到村民小组，以及开展村“两委”干部下沉到农户的抓党建、促乡村振兴服务基层联系群众工作机制，引导督促全体党员不忘初心、牢记使命，带头做好脱贫攻坚工作、乡村振兴工作，要求群众落实的，自己首先落实，切实为群众办好事、实事。党员队伍成为全体村民普遍信赖的依靠。

立足当前谋划长远，共同绘就振兴蓝图

大东村立足农业种植、红色文化、古道旅游等优势条件，主动融入精准脱贫工作、乡村振兴工作、“百县千镇万村”高质量发展工程，推进农业、旅游业、现代服务业三业融合发展，真正实现农业发展、农村变样、农民受惠。

以战略思维谋划红色旅游发展。大东村红色旅游资源丰富，蛇子岭张屋、上座村、田洞心村、新塘村是革命老区村，保存着上座保卫战遗址、张屋炮楼等红色革命遗址。村党总支始终将乡村振兴作为战略任务，依托丰富的红色文化资源发展乡村旅游，充分发掘和利用红色旅游资源，制定红色旅游产业发展规划。不断转变红色旅游发展方式，提升红色旅游综合效益，将红色旅游产业发展融入“强镇富村工程”和“百县千镇万村高质量发展工程”中，不断壮大村集体经济。

以链式思维促进产业融合发展。把“链式思维”融入产业发展全过程，成立村经济合作社，组织进行土地流转，推动规模种养，抓住东莞驻镇帮镇扶村契机，帮助农副产品打开销路，通过旅游带动乡村发展，形成一条完整

的生产链、供应链、销售链。依托丽宫国际温泉度假区，挖掘其丰富的游客资源，打造集赏荷、摘莲、采摘瓜果蔬菜、垂钓、游红色古村、徒步西京古道、文旅研学、住农家民宿、品尝农家美食、泡温泉等于一体的“农旅研学+乡村振兴”发展模式。大力发展大东清水小龙虾、莲子、西洋菜、食用菌、淮山等开发潜力较大、推广难度较小、农民接受程度较高的特色种植业。利用荷花观赏这一特色，打造荷花观赏网红打卡点，带动周边村民农副产品销售，增加村民收入。根据县委“十个一”工程，发展荷花莲子深加工，打造“一席特色菜”“一袋手信”等特色产业，增加农产品附加值，提高农民参与积极性，促进乡村旅游转型升级。

以大局思维提升资源统筹能力。促进文旅资源整合，把荷花观赏基地、古村落、红色研学、西京古道等景点有机融合，打造观光、采摘、红色教育、西京古道研学文旅产业带，推出红色教育、生态观光、休闲度假等旅游产品，带动周边村共同发展，实现农民增收。推进闲置资源整合，主要是流转闲置土地，统筹各类帮扶资金、村集体经济收入和村民入股金，成立相关经济产业合作社，注册当地特色品牌，扩大生产规模，为乡村振兴提供新的发展动能。

同抓共治生态发展，推进人居环境整治

大东村牢牢把握“绿水青山就是金山银山”的发展观念，坚持生态优先、绿色发展的现代化理念，坚决打好大气、水、土壤污染防治三大攻坚战，坚定不移地落实“多网合一”网格化管理机制，在发展村集体经济、打造红色旅游模式中不断优化农村人居环境，共同建设美丽乡村。

加强基础设施建设，提升人居环境水平。以打造红色文旅一体化产业项目为契机，大力提升景点周边基础设施建设，对周边村民小组实施人居环境整治项目和污水改造项目，完成村巷道硬底化和排水排污设施修缮，实现雨污分流，村民居住环境改善明显，让村民的获得感成色更足、幸福感更可持续、安全感更有保障。高标准打好大气、水、土壤污染防治三大攻坚战，持续深化农村环境整治，分类分区治理农村生活垃圾污水，努力让天更蓝、地更绿、水更清，为全面发展旅游产业提供良好的生态环境支撑。

加大环境治理力度，全面改善村容村貌。按照“党建引领、乡村联动”

◆大东张屋村航拍图

的总体思路，精心谋划，持续加大农村人居环境整治力度，全面改善村容村貌。各村民小组实行门前“三包”政策，协同县有关部门开展生活垃圾保洁清运，实现常态化清理、市场化运作，实现生活垃圾日产日清，密闭储存清运。充分利用微信群、大喇叭广播等宣传农村环境整治提升倡议书音频，进一步发动村民积极参与到环境整治工作中来，努力打造优美的居住环境。召集党员志愿服务队、新时代文明实践志愿者及村组群众，分组在全村各村民小组开展人居环境整治，充分发挥党建带头作用，完善“镇—村—组”三级环境卫生网格责任体系，以村为单位建立“划段包干”网格化责任清单，带动村民群众，共建同治，村级环境治理水平和治理能力稳步提升，人居环境不断改善。

强化基层治理能力，促进生态理念转变。因地制宜制定村规民约，根据实际将国家政策方针、法律法规、生态发展理念、“讲文明、树新风”观念、村风民俗、传统道德等内容纳入村规民约中，推进本村村民小组民主法治建设，维护社会稳定，树立良好的民风、村风，共同创建绿水青山的美丽乡村。鼓励村民积极参与生态环境保护和基层治理工作，对村内的产业发展、村庄治理、乡村振兴、三清三拆等事项，牵头组织，共同治理，切实转变村民观念，进而实现群众由社会治理的“旁观者”到“参与者”的角色转变。

（作者：温嘉文，乳源瑶族自治县史志办公室）

后记

经过努力，《韶关市红色村》正式出版了。《韶关市红色村》全面系统地收集了韶关市18个“红色村”各方面的资料，集中反映了这些村在革命年代和新时代的重大事件和重要成就，科学总结历史经验，形成系列成果，为党委和政府决策提供参考。

组织编写《韶关市红色村》的目的，一是通过挖掘各村革命战争年代真实的红色故事，启示当下的党员干部传承红色基因，赓续优良传统；二是以专题的形式深化党史研究工作，让“以史鉴今，资政育人”更有针对性和实效性；三是在传承红色基因过程中助力乡村组织兴、产业旺、生态美、乡风淳，推动党建引领、红色传承、乡村振兴紧密结合。

为编写好《韶关市红色村》，我们专门成立以黄乐、刘溶、陈怡成、邵文等为成员的编写组，确保编写工作顺利推进。

《韶关市红色村》能够顺利编写和出版，要感谢全市各县（市、区）史志部门和有关镇村，他们积极组织撰写、报送相关素材，为本书的面世奠定了扎实的基础。

本书统计的“红色村”截止时间为2021年1月，“红色村”所记述的内容下限为2023年。

最后，由于时间仓促，水平有限，错误和不足之处在所难免，恳请读者批评指正。

本书编写组

2024年11月